도시야, 안녕!

모두를 위한 세계 지속 가능 도시 여행

디디에 코르니유 지음
최지혜 · 권선영 옮김

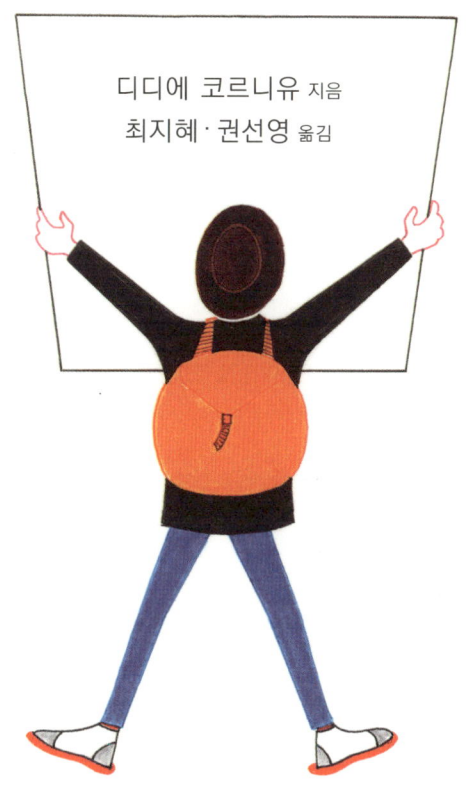

놀궁리

7   **도시는 특별해요!**

13   **도시가 초록색이 될 수 있나요?**
      공원 안에 세운 수직 도시, **빛나는 도시**
      앞서가는 생태 도시, **베를린**
      아파트 안으로 들어온 수직 숲, **밀라노**

25   **도시에서 농사를 지을 수 있나요?**
      도시 농업 교육 농장, **파리의 철도 농장**
      도시의 채소밭, **에코 박스**
      위로와 희망이 있는 도시 농장, **디트로이트**

35   **도시에서 지역 자원과 재생 에너지를 사용할 수 있나요?**
      대표적인 친환경 도시, **베드제드**

41   **도시에서는 어떻게 이동하나요?**
      사람과 자연을 생각하는 대중교통, **쿠리치바**
      잘 연결된 도시의 모범, **메데인**
      자전거의 도시, **코펜하겐**

51   **도시가 똑똑해질 수 있나요?**
      잘 연결된 스마트 시티, **싱가포르**
      혁신적인 모듈카, **미래의 교통수단**

57 도시에서는 어떻게 일을 하나요?
사는 곳에 일하는 생산 협동조합, **파밀리스테르**
세계 최대의 스타트업 캠퍼스, **스테이션 에프**
사회적으로 협력하는 협동조합, **마마요카 식당**
숲속 동네, **시모카와**

67 우리들만의 도시를 만들 수 있나요?
빈민가를 색으로 물들인 **리우데자네이루의 모히뉴 프로젝트**
다 같이 이야기를 나누는 도시, **라잉스버그**

73 도시가 아름답고 상냥할 수 있나요?
영감을 주는 아름다운 전망, **파리 오스만가**
시대를 반영하는 건축물, **퐁피두 센터**
도시 전체를 바꾼 **빌바오의 구겐하임 미술관**
물이 거울로 변하는 **보르도 증권 거래소 광장**
파리에서 부르는 신호, **트라이앵글 타워**
이주민들을 반겨 주는 **이브리쉬르센의 쉼터**

83 도시에 사는 건 정말 행복해요!
아이들을 위한 공간, **암스테르담의 놀이터**
초록 산책길, **뉴욕 맨해튼의 하이라인**
생동감 넘치는 유행의 중심지, **리스본의 엘엑스 팩토리**

도시는 특별해요! 반짝이는 불빛과 생기가 가득하고 볼 것도 많지요.
우리는 도시에 모여서 함께 살고 있어요. 그런데 지금 도시에는
사람이 너무 많이 몰려서, 교통 체증과 환경오염이 심각해지고 있어요.
자연이 주는 초록색도 충분하지 않고 쉴 수 있는 공간도 부족하지요.

현재 세계 인구의 절반 정도가 도시에 살고 있어요.
2050년이 되면 다섯 명 중 네 명이 도시에서 살게 될 거라고 해요.
밀집된 도시에서 벌어지고 있는 문제들을 어떻게 해결해야 하나요?
우리가 신경 쓰지 않으면 도시는 끔찍한 공간이 되고 말 거예요.

전 세계의 많은 도시들이 새로운 시도를 하고 있어요.
벌써 놀라운 결과를 만든 곳도 있지요. 그런 도시들을 보면
모두를 위한 새로운 도시에 대해 영감을 받을 수 있어요.
이 책을 보면서 내가 살고 싶은 도시를 상상해 봐요.
언젠가 우리가 꿈꿔 온 도시를 만드는 일에
여러분이 직접 참여할 수도 있을 거예요!

사람들이 도시로 몰려들기 시작한 건 1970년대부터예요.
인구가 늘어나고 도시에 일자리가 집중되면서부터이지요.
도시는 문어발처럼 사방으로 뻗어 나가 점점 거대해지고 있어요.
도로 위에는 자동차, 배달 트럭, 버스들이 꽉꽉 들어차 있어요.
시골은 계속 줄어들고, 자연은 위협당하고,
환경오염은 이미 위험 수준에 이르렀어요.

도시에 사는 사람들이 살 공간과
일할 공간을 만들기 위해서
현기증이 날 정도로 하늘로 쭉 뻗은
수직 건물들이 지어졌어요.

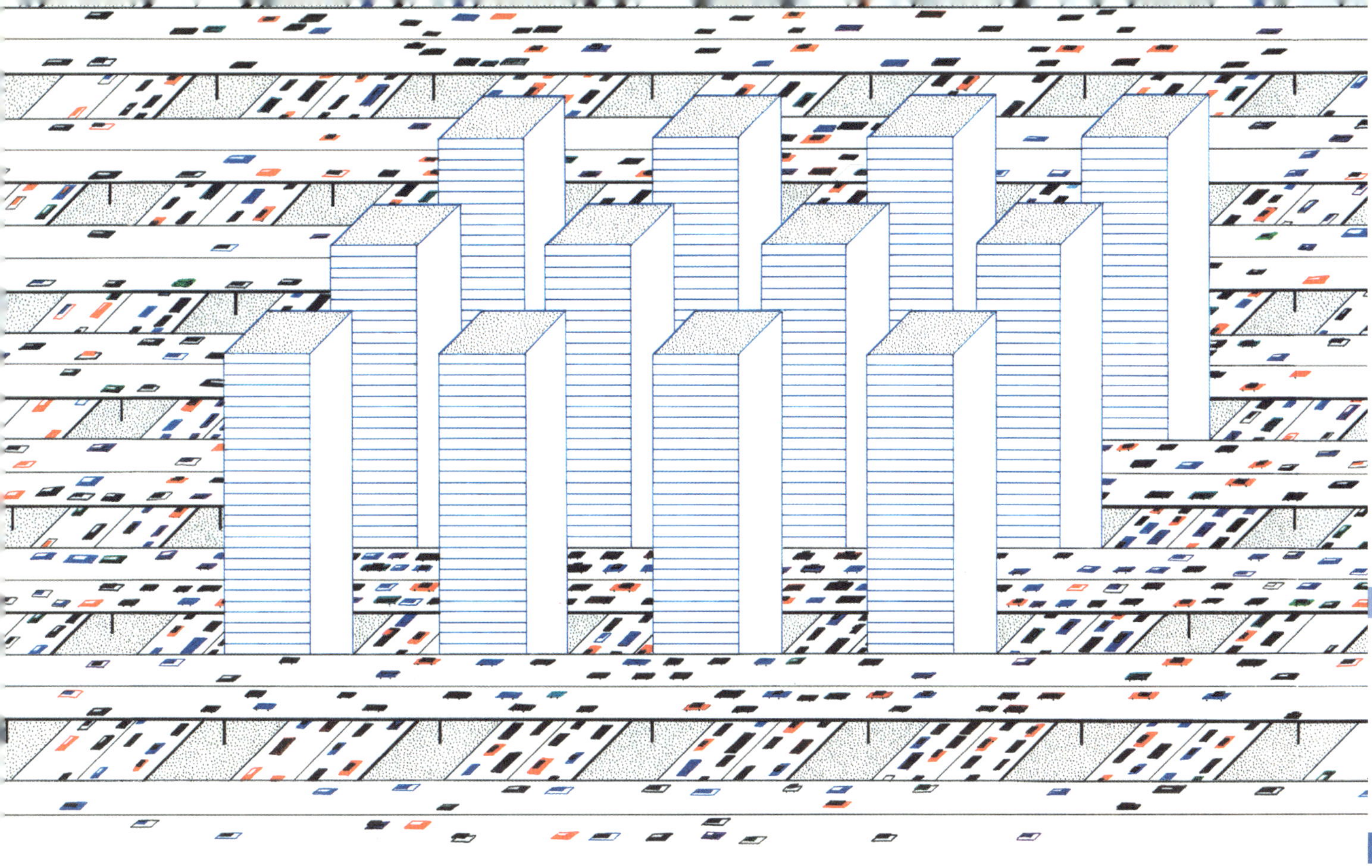

도시 한쪽에는 빈민가들이 빠르게 늘어나고 있어요.
이 문제를 해결하기 위해 많은 사람들이 서로 돕고 있어요.
빈곤의 문제를 어떻게 해결하면 좋을까요?

도시에서 벗어나면 교외가 나와요. 이곳에도 대규모의 건물 단지가
만들어졌어요. 이런 단지는 비교적 경제적으로 지어지긴 했지만,
일자리와 놀거리가 많은 도시 중심가와는 멀리 떨어져 있지요.
이곳에 살면서 공공 서비스를 받거나, 대중교통을 이용하는 걸
생각해 보세요. 도시를 벗어난 지역도 다 같이 살기 좋은 곳인가요?

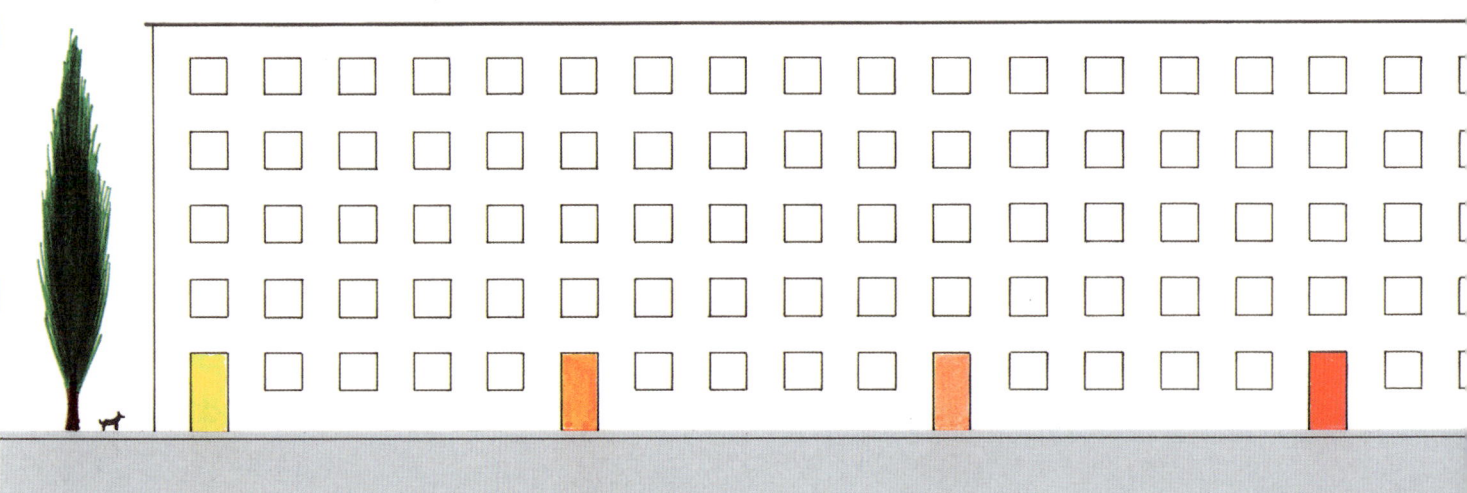

작은 주택들이 나란히 지어진 곳도 있어요.
작은 마당이 있고 대부분 비슷비슷한 형태예요.
이곳에서 도시 중심이나 다른 지역으로 가려면
자기 차를 이용해야만 하지요.

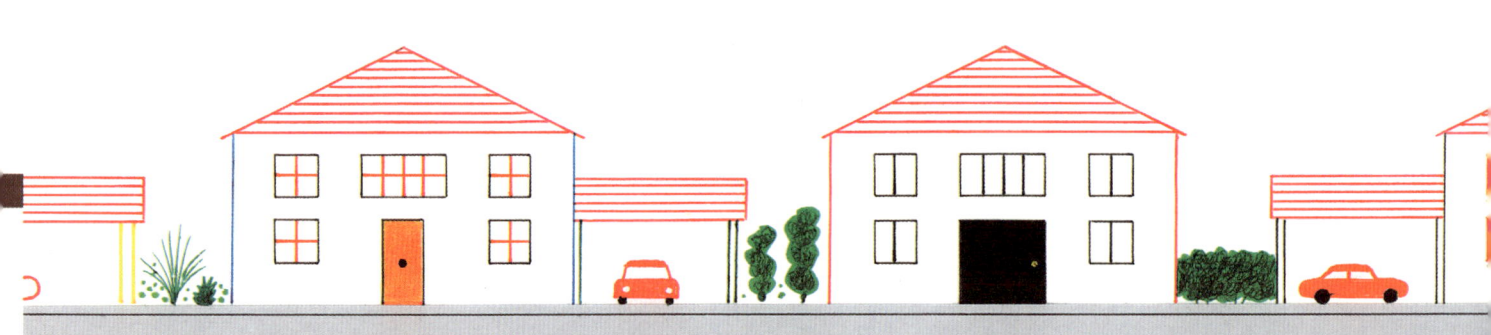

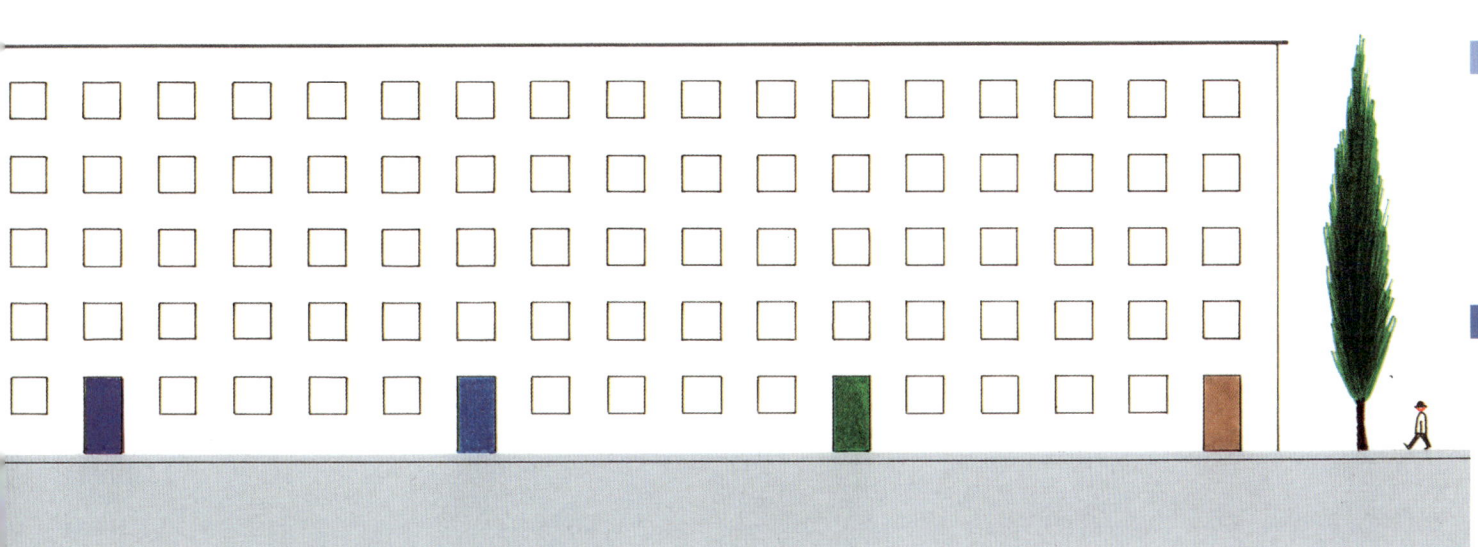

도시가 초록색이 될 수 있나요?

도시 안의 교통 체증은 점점 심해지고,
에어컨 사용도 나날이 늘어 가고 있어요.
공장의 매연도 공기를 오염시키고 있지요.

도시의 온도는 계속 상승하고 있어요.
어떻게 하면 도시에 사는 사람들이
깨끗한 공기로 숨 쉴 수 있을까요?
도시에 초록색 자연을 들여올 수 있을까요?

공원 안에 세운 수직 도시, 빛나는 도시

필로티

유니테 다비타시옹 단면도
건축가: 르 코르뷔지에, 프랑스 마르세이유 (1952)

1930년대에 건축가 르 코르뷔지에는 현대적이고, 세계 어느 곳에서든 세울 수 있는
도시를 상상했어요. 그가 세운 목표는 각각의 집들을 커다란 건물 하나에 모아서
자연의 초록 공간을 보존하고, 보행자 도로와 자동차 도로를 분리하는 것이었어요.

그 결과 '빛나는 도시'가 탄생했어요. 빛나는 도시는 1952년 프랑스 마르세이유에
지어졌어요. 제이 차 세계 대전이 끝나고 황폐해진 도시를 다시 세우던 때였지요.

공원 한가운데에 큰 콘크리트 건물이 필로티(무게를 지탱하는 기둥) 위에 지어졌어요.
대부분 복층 구조로 된 360여 채의 집들이 나무 블록처럼 쌓여 있는 아파트였어요.
각각의 집들이 서로 맞물려서 쌓이면서, 건물 내부에 '길'이 만들어졌어요.
건물 옥상 테라스에는 조깅을 할 수 있는 트랙이 있고, 꼭대기 층에는 학교가,
중간층에는 빵집, 상가, 그리고 호텔까지 있는 쇼핑몰이 들어섰어요.
체육관, 수영장, 놀이터, 영화관 같은 편의 시설이 수직 도시를 완성하고 있어요.
이 건물에서 바라보는 전망 역시 멋지답니다.

르 코르뷔지에는 프랑스의 여러 지역과 유럽, 인도에까지 큰 변화를 가져왔어요.
요즘의 주거 형태인 아파트 개념을 제일 먼저 세운 건축가이지요.

야외 생활을 더 좋아하는 현대 도시, 찬디가르

23 구역에서의 휴식, 건축가 : 피에르 잔느레 (1958)

1947년 인도가 독립한 후 건축가 르 코르뷔지에와 그의 팀은 인도 정부로부터
인도의 북서부 펀자브주에 새로운 도시를 만들어 달라는 부탁을 받았어요.
인도 사람들은 테라스나 로지아(집 안의 한쪽 면이 트여서 정원으로 연결되는 형태)
그리고 정원에서 시간을 보내는 걸 좋아했어요.
르 코르뷔지에는 빛나는 도시의 다양한 형태 중에서 인도 사람들의 생활 방식에 맞게,
바깥으로 연결되어 야외에서 지내기 편리한 저층의 수평 도시를 만들었어요.

앞서가는 생태 도시, 베를린

독일의 베를린은 유럽 여러 나라의 수도 중에서 초록색이 가장 많은 도시예요.
울창한 숲이 많고, 여러 개의 물줄기가 도시를 가로지르며 유유히 흐르고 있어요.

베를린은 1910년부터 도시를 둘러싸는 공원을 조성하고 도시 농장을 만들었어요.
1980년대에는 강을 따라서 나무를 심었고, 공원과 공원 사이에 산책로를 만들었지요.
동물과 식물을 위해서 생태계를 보호하자, 사람들이 멋진 산책로를 갖게 된 셈이에요.

베를린 역시 지구 온난화 문제와 씨름하고 있어요. 2004년부터는 도시 안에
초록 공간을 더 늘리고, 자연에서 불어오는 바람으로 도시의 온도를 내리고
먼지를 밀어내도록 하고 있지요.

이런 결정은 모두 이 지역 주민들이 내렸어요. 베를린에 있는 공원들은
이곳 사람들의 투자 덕분에 만들어졌어요. 함께 쓰는 채소밭도 마찬가지예요.
시민 단체들은 새로운 초록 공간을 만들기 위해서 머리를 모았고,
그 결과 도시 어느 지점에 잠깐 만들었다가 해체하는 임시 정원도 생겨났지요.

베를린은 모두 모여 함께 만든, 모두를 위한 도시랍니다!

이번에는 베를린이야!

글라이스드라이에크 공원

베를린 중심에서 멀리 떨어지지 않은 곳에 더는 운행하지 않고
방치되어 있던 기차역이 지금은 커다란 공원으로 탈바꿈했어요.
이곳이 바로 글라이스드라이에크 공원이에요.
낡고 오래된 철로 위에 다양한 식물들이 자라났고,
시민 모두를 위한 야외 활동 시설도 설치되었어요.

글라이스드라이에크 공원
조경업체 : 아틀리에 LOIDL
독일 베를린 (2014)

철로 주변에 개인이 만든 오래된 정원들은 그대로 쓸 수 있어요.

지하철 다리 밑에서 놀 수도 있어요.

땅에 묻혀 있었던 판케천이 복구되어 이제는 하늘을 볼 수 있게 되었어요.
보를 제거하고 생태 복원을 거쳐서 원래 모습을 되찾았어요.
이제는 아름다운 산책로가 되었지요.

사람들이 살고 있는 건물 벽에 녹색 커튼이 만들어졌어요.
이 커튼은 사람들을 추위와 더위로부터 보호해 주지요.
어린이들을 위한 동물 농장도 있어요.

도시 텃밭, 공주의 정원

공주의 정원은 버려진 땅 위에 만들어졌어요.
2009년에 시민 모두에게 개방되었고, 이 지역 주민들에게
도시에서 농사짓는 즐거움을 느낄 수 있게 해 주고 있어요.

보스코 베르티칼레
건축가 : 스테파노 보에리 (2014)
이탈리아 밀라노

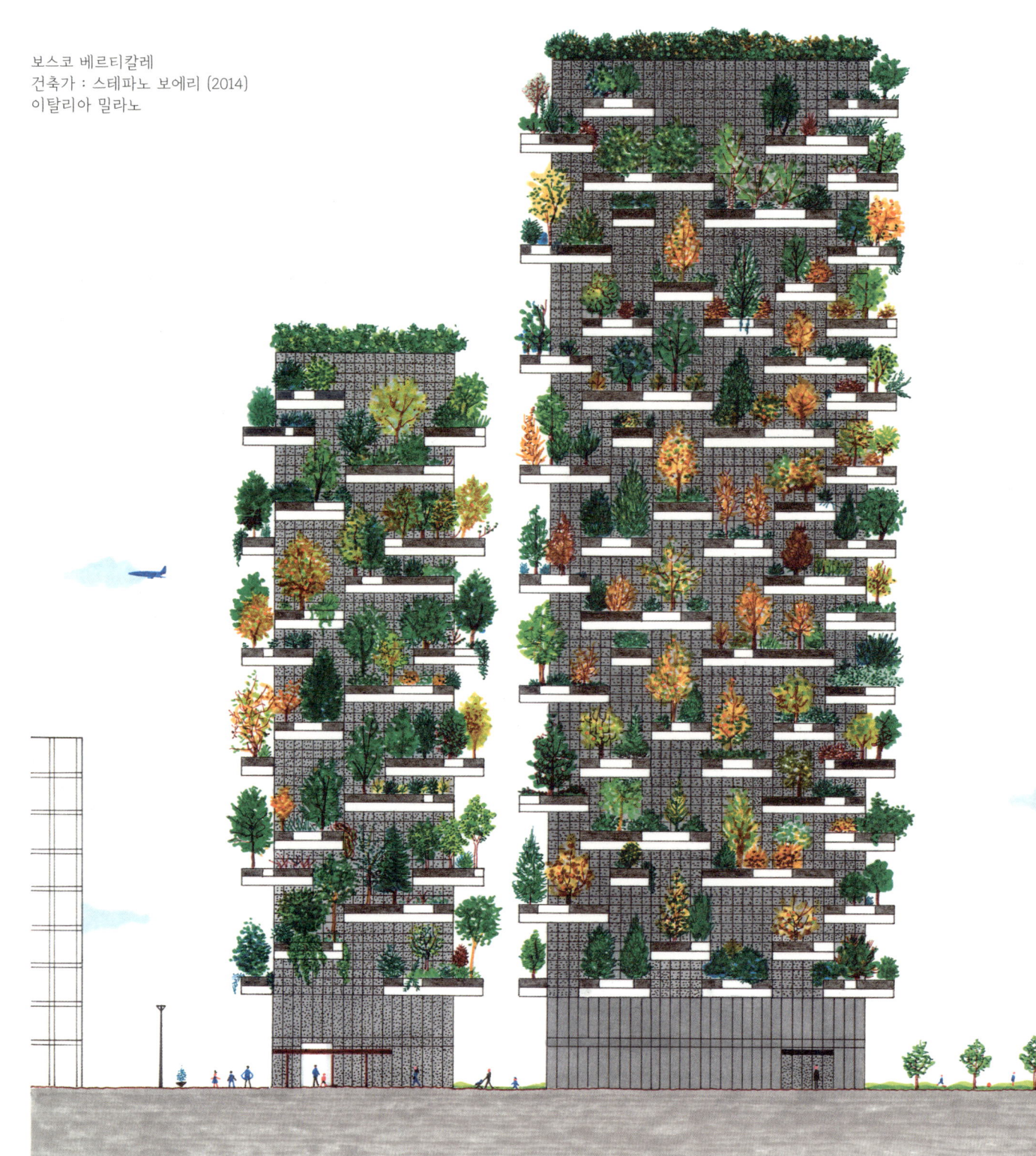

아파트 안으로 들어온 수직 숲, 밀라노

이탈리아의 건축가 스테파노 보에리는, 전 세계적으로 도시가 빠르게 팽창하면서
자연이 역시 빠른 속도로 줄어들어 지구 전체를 위협하고 있다고 생각했어요.
그는 도시 안으로 자연을 다시 들여오는 일이 꼭 필요하다고 여겼지요.

보에리는 2014년 이탈리아의 밀라노에 높은 건물 두 동을 지었어요.
이 건물의 이름은 '보스코 베르티칼레'로 수직 숲 아파트라고도 해요.
테라스마다 나무를 심어 모든 집에 숲과 정원을 선물한 아파트로,
테라스에 심을 나무와 식물들은 신중하게 선택되었어요.
이 아파트는 약 1헥타르 크기의 숲으로 덮여 있는 것 같아요.
도시의 공기가 깨끗해지고, 새와 곤충들의 안식처가 되어 주고,
생태계 다양성을 유지하는 데도 도움이 되고 있어요.

바이오 밀라노 프로젝트
엑스포 2015, 이탈리아 밀라노

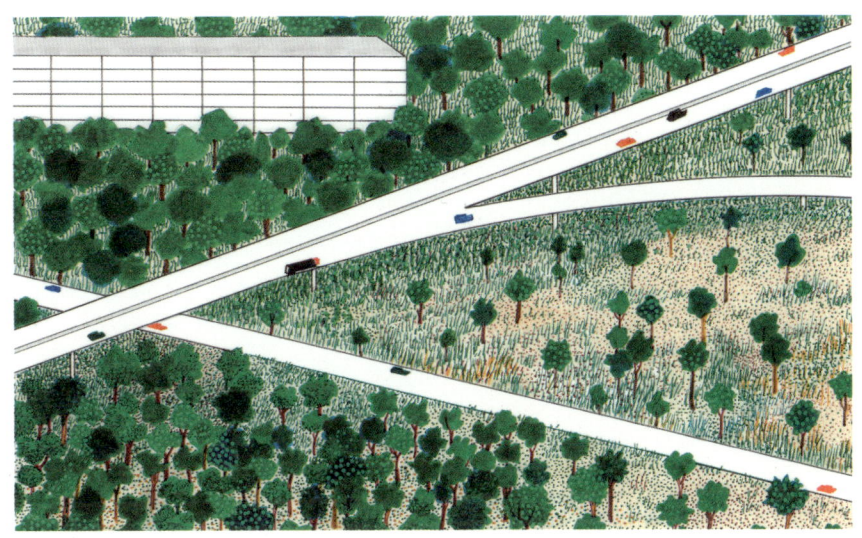

스테파노 보에리는 바이오 밀라노 프로젝트도 진행했어요. 도시 주위에 있는
공원들을 연결하고 고속도로 나들목을 비옥하게 만들어, 도시 전체를 숲으로 둘러싸는
프로젝트이지요. 그 덕분에 많은 동물들이 도시로 다시 돌아올 수 있게 되었어요.

도시에서 농사를 지을 수 있나요?

우리가 도시에서 농사를 짓고 가축을 기른다면,
음식 재료를 구하러 멀리 가지 않아도 될 거예요.
도시에서 경작하려면 무엇이 필요할까요?

도시 농업 교육 농장, 파리의 철도 농장

건축가 클라라 시마이가 디자인한 작은 도시 농장이
2019년 파리 북동부 지역의 우르크 거리에 문을 열었어요.
이곳에서는 도시 농업의 다양한 형태를 실험하고 있어요.
미래에 정원사가 되기를 꿈꾸는 학생들에게는 배움의 장소이고,
관심 있는 사람은 누구나 방문할 수 있는 장소이기도 해요.

이 농장에서는 주변 식당에서 버린 음식물 쓰레기를 모아서 퇴비로 써요.
음식물 쓰레기로 농장의 작물들에 영양을 공급하고 있지요.

파리 19구에 위치한 철도 농장의 전경, 건축가 : 클라라 시마이 (진행 중)

철도 농장에서는 '영속 농업'을 하고 있어요. 영속 농업은 식물을 자연 속에 놔두면 지속 가능하게
잘 자란다는 원리를 바탕으로 해요. 좁은 공간을 활용해, 무와 같은 식물 옆에 완두콩이나 콩을,
그 옆에 토마토나 또 다른 채소를 심고 있어요. 그런 뒤에 밀짚으로 덮어 작물을 보호하지요.
해충을 적당히 없앨 수 있는 정도의 비료를 주고 흙 속 습기를 유지시키면,
작물들은 서로를 도우며 잘 자라게 되지요.

가방을 화분 삼아 작물을 심기도 해요. 이런 방법을 활용하면
테라스 같은 좁은 공간에서도 농사를 지을 수 있지요.

'아쿠아포닉스'는 물고기와 식물을 함께 키워서 수확하는 농사법이에요.
이산화탄소가 풍부한 물고기의 배설물이 식물에 영양을 공급해 주고,
식물은 물을 정화해 물고기들이 살 수 있게 도와주지요.

이곳에서는 높은 기온에서 자라는 열대 과일이나 채소를 키우기 위해
온실을 만들 예정이라고 해요. 온실 안에 작은 식당을 열어
농장에서 키운 농작물을 사람들이 직접 맛볼 수 있게 하고요.

농장 방문객들이 농장에서 키운 채소와 과일을 직접 사 갈 수도 있어요.

도시의 채소밭, 에코 박스

도시에서 농사를 지으면 늘 새롭고 놀라운 발견을 하게 됩니다.
에코 박스는 큰 공사를 하지 않고도 버려진 주차장이나 테라스,
막다른 골목에서 농사를 지을 수 있는 팔레트 형태의 채소밭이에요.
땅에 직접 심는 것은 아니지만 도시에 멋진 채소밭이 만들어지지요.

에코 박스 농장, 프랑스 파리 (2005)

흠, 여기에도
채소밭이 생겼군!

위로와 희망이 있는 도시 농장, 디트로이트

디트로이트는 미국 미시간주에 있는 거대한 공업 도시예요. 주요 산업이었던
자동차 산업이 빛을 잃으면서 많은 공장들이 문을 닫았고 실업자들은 점점 늘어났어요.
사람들은 하나둘 황폐해져 가는 도시를 떠나기 시작했지요.

남아 있던 사람들이 황무지가 된 공장 지대에 함께 쓰는 농장을 만들기 시작했어요.
이곳에서 생산한 농산물들 덕분에 주민들의 식단에 변화가 찾아왔어요.
신선한 재료로 건강하고 균형 잡힌 식사를 할 수 있게 되었지요.
이 농장은 지역 주민들에게 희망을 주고 서로를 끈끈하게 연결하는 역할도 하고 있어요.

공동 농업 주거지, 미국 디트로이트 노스 엔드 지역 (2016)

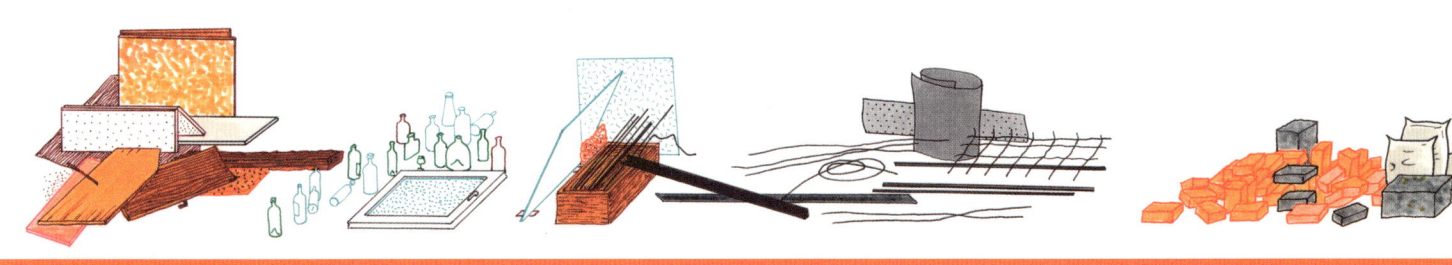

도시에서 지역 자원과 재생 에너지를 사용할 수 있나요?

지역 자원을 이용하고 재생 에너지를 활용하는 동네를
에코 마을 혹은 친환경 마을이라고 해요.
이곳에 사는 사람들은 책임감 있는 삶을 살고 있어요.
자신이 버린 쓰레기를 그 자리에서 직접 처리하는 것처럼요.
자연에 해를 덜 끼치며 살고 있지요.

대표적인 친환경 도시, 베드제드

베드제드는 영국 런던의 남부에 위치하고 있어요.
이곳은 건축할 때 사용했던 재료와 공간 기능이 혁신적이에요.
에너지 손실을 막는 '패시브 하우스'로, 화석 에너지를
적게 사용하기 위해 직접 에너지도 생산하고 있지요.
친환경 도시의 모범이 되고 있어요.

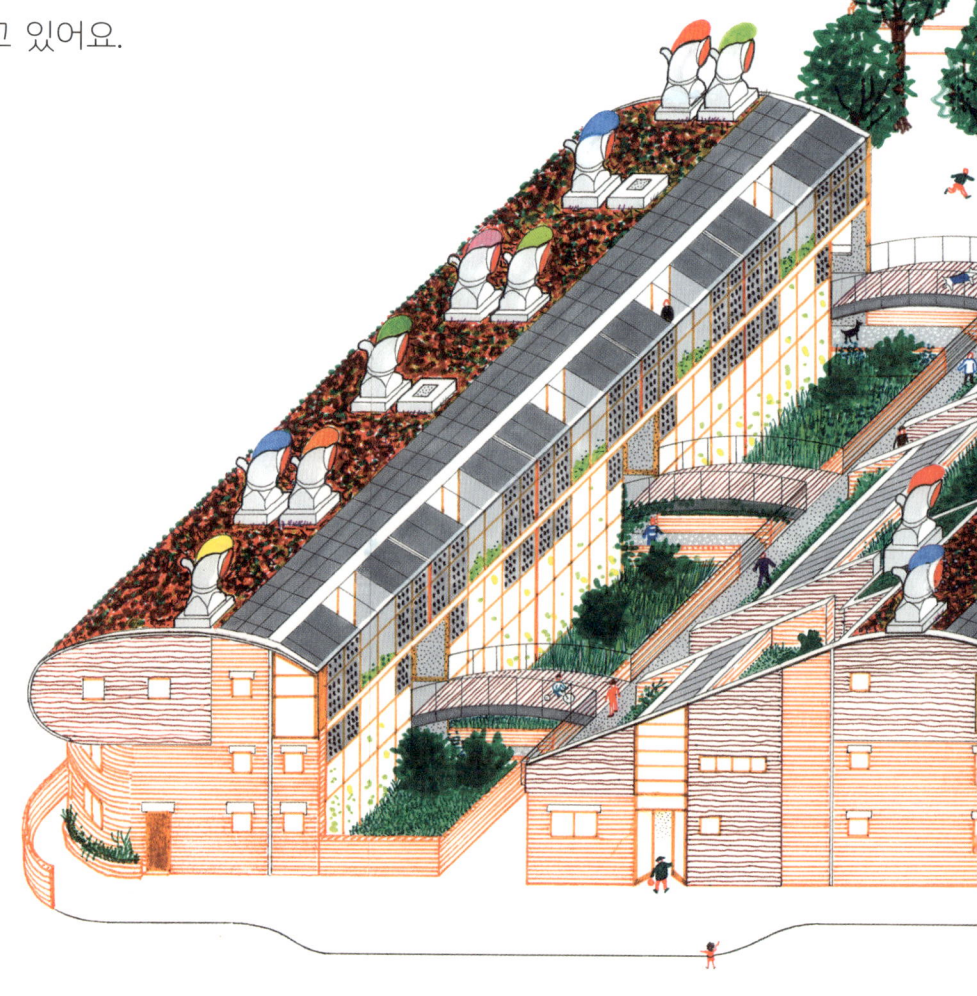

베드제드, 건축가 : 빌 던스터, 영국 런던 (2002)

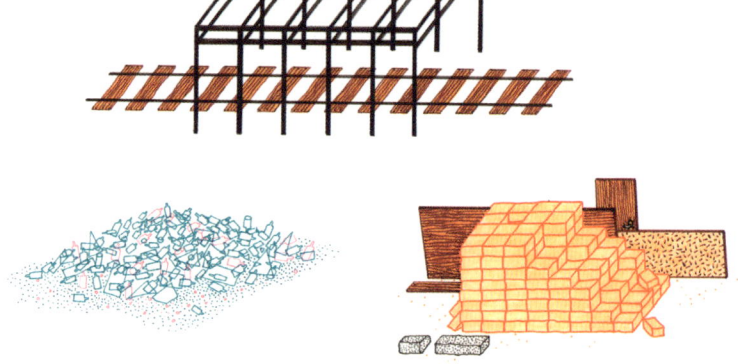

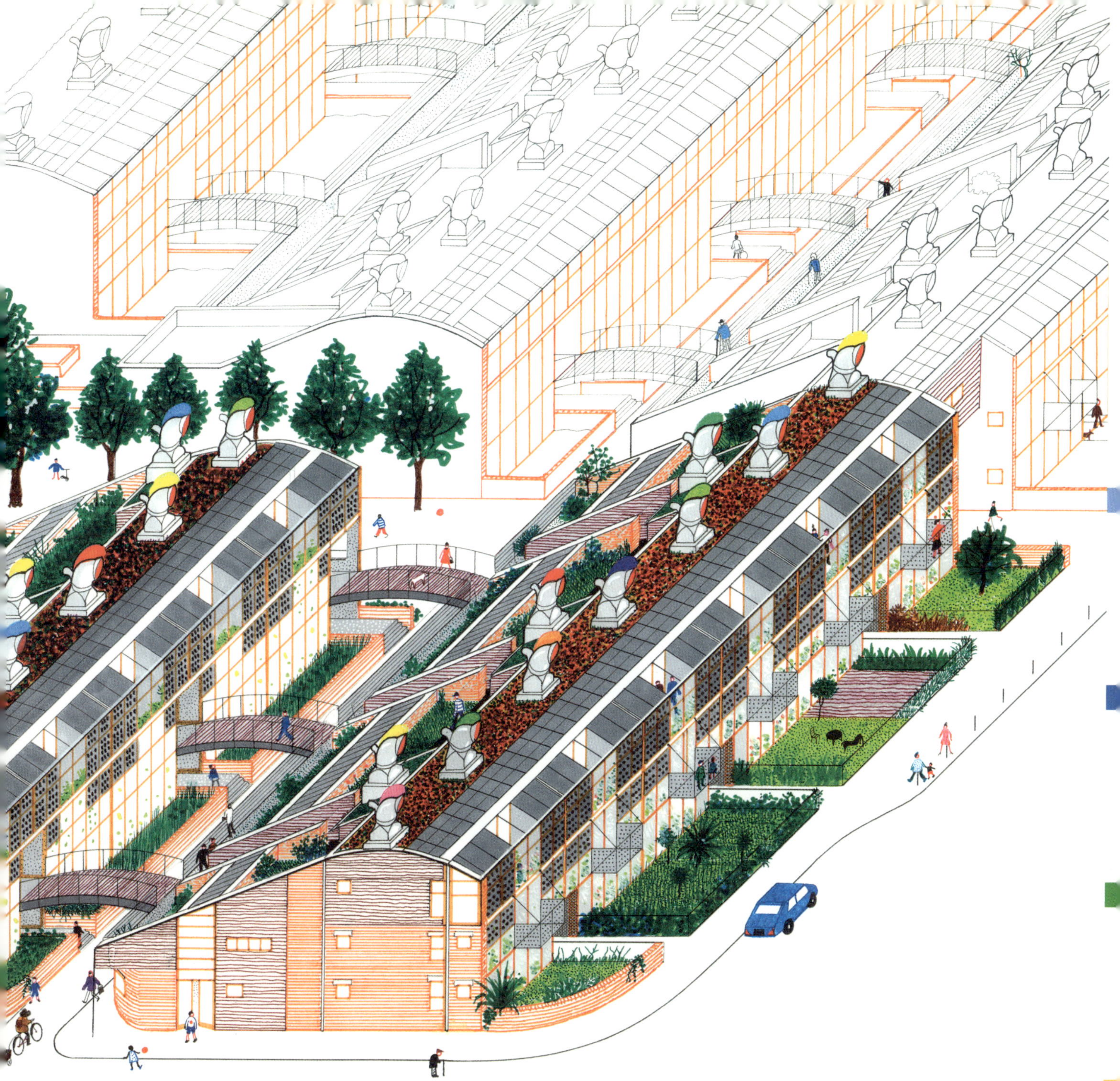

건물을 지을 때, 지역에서 나오는 자원을 우선으로 재사용하고, 재활용했어요.
철 구조물들은 낡은 기차역에서 가져왔고, 철로의 나무판자와 칸막이도 다시 썼어요.
유리모래를 빻아서 도로를 만들고, 공사장 벽돌을 가져와서 벽을 쌓는 데 사용했어요.
울타리로는 초록색 참나무를 심어서 주위를 자연으로 풍요롭게 만들었지요.

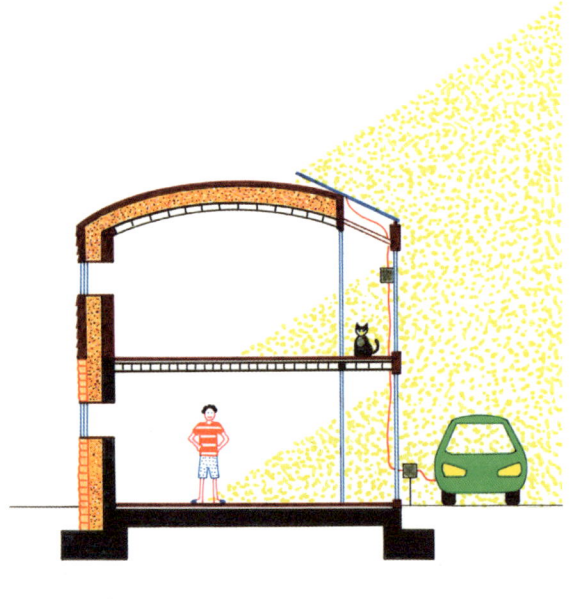 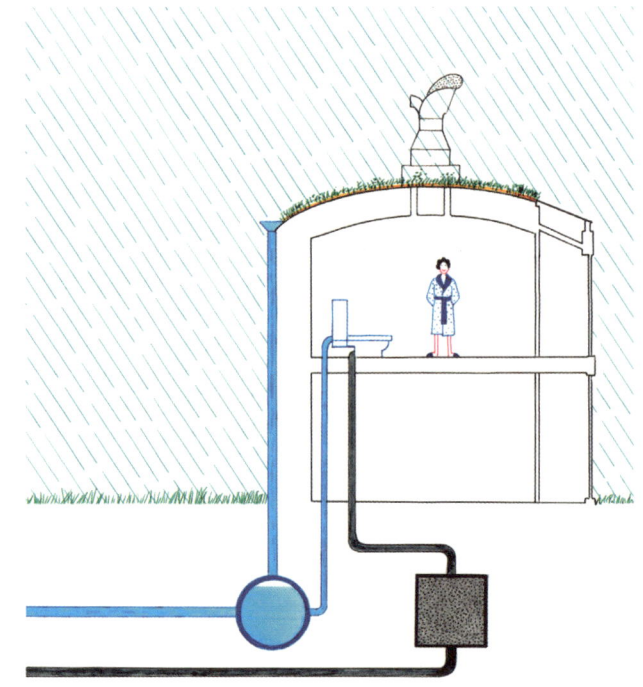

베드제드의 집들은 태양을 향하고 있어 실내가 따뜻하고 밝아요. 모든 유리창은 3중창이고, 단열재도 약 30센티미터 정도의 두께라 겨울에도 실내가 따뜻합니다. 지붕 위에 태양광 패널을 설치해 전기 에너지도 만들지요.

지붕은 자연스럽게 빗물이 모일 수 있는 구조예요. 이렇게 모인 빗물은 정수한 다음 화장실이나 옥상 정원을 관리할 때 다시 사용하지요.

베드제드의 건물들은 서로 모여 있어요. 이곳 주민들은 가까이 살면서 친밀하게 지내는 것을 좋아하지요. 이곳에는 없는 것이 없어요. 학교, 공방, 사무실도 함께 있지요. 이렇게 집과 일터가 가까이 있으면 일하러 갈 때 차를 이용하지 않아서 연료를 아낄 수 있어요.

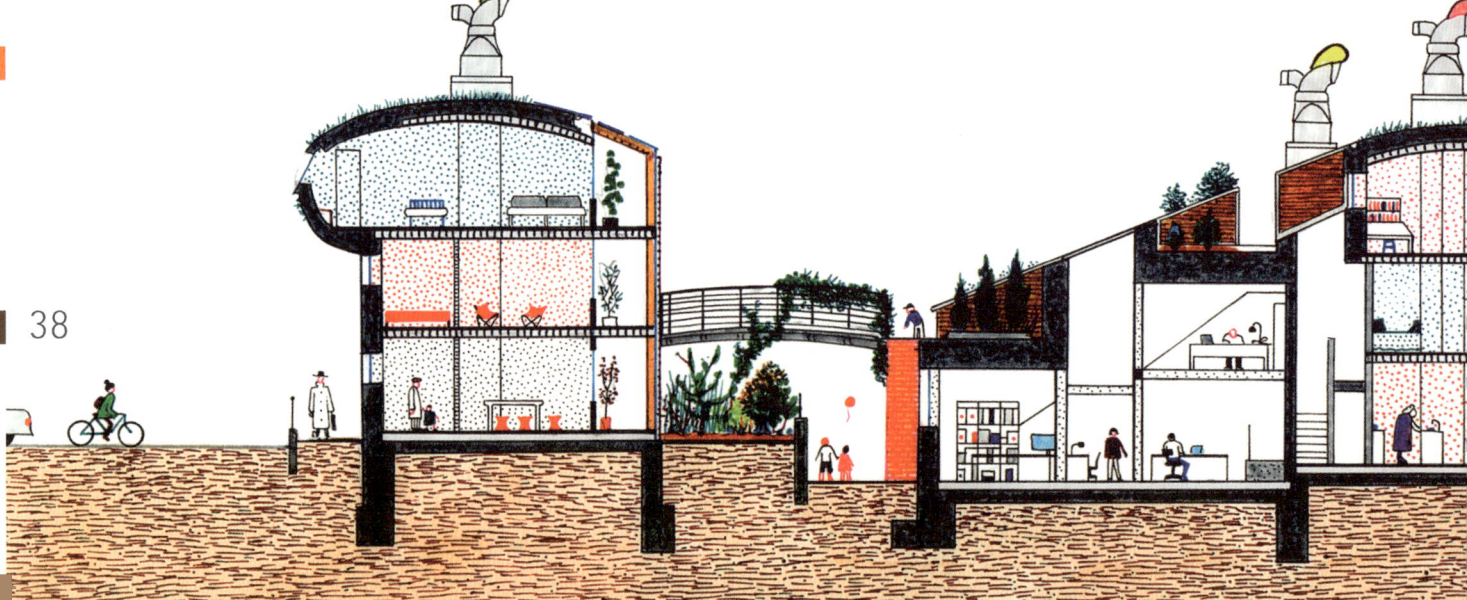

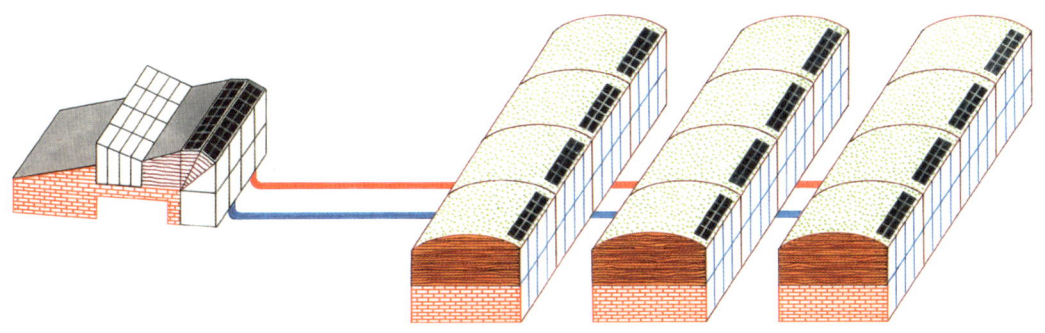

이곳 주민들은 작은 발전소에서 쓰레기를 태워 에너지를 얻습니다.

바람이 불면, 닭 볏 모양의 환기구가 바람의 방향에 따라 회전해요.
창문을 열지 않아도 집 안의 공기가 밖으로 빠져나가고 신선한 공기가 안으로 들어와
실내 공기가 늘 쾌적해요. 작은 풍향계 역할도 해 주지요.

도시에서는 어떻게 이동하나요?

우리는 도시 안에서 계속 이동을 해요.
일하러 가기도 하고, 누군가의 집을 들르거나,
다른 도시로 가기도 하지요.

도시가 커지면서 늘어만 가는 오염을 줄여야 해요.
새로운 형태의 교통수단을 개발하는 데
꼭 최첨단 기술이 필요한 건 아니에요.

도시 외곽 지역이나 도시에서 멀리 떨어진 지역을
도시의 중심과 어떻게 쉽게 연결할 수 있나요?

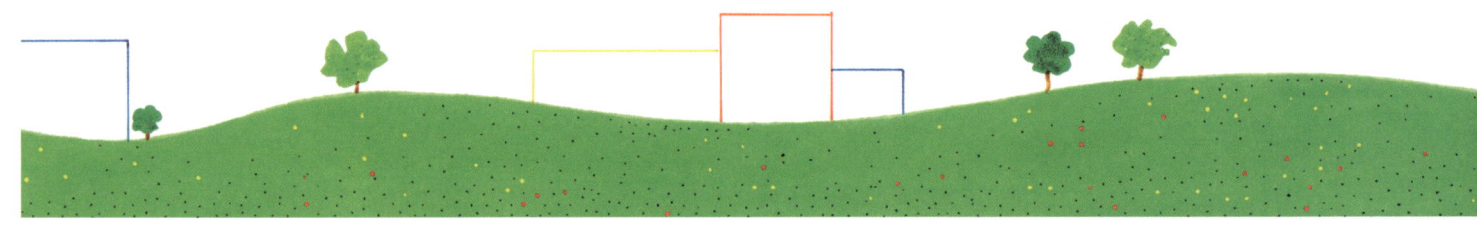

먼저 대중교통 시스템을 더 좋게 만들고
새로운 교통수단도 찾아야 해요.

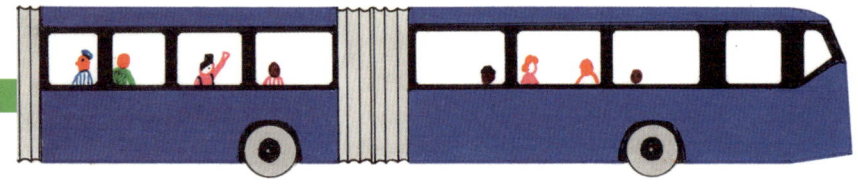

차량 세 칸을 이어서 270명이 함께 탈 수 있는 긴 굴절형 버스와 원통형 버스 승강장, 브라질 쿠리치바 (1991)

사람과 자연을 생각하는 대중교통, 쿠리치바

1970년대 초부터 브라질 쿠리치바의 시장은 자동차 없이도 쉽게 오갈 수 있는 도시를 꿈꿨어요. 도시 안의 초록색 공간을 해치지 않으려고 공사를 제한하고, 숲을 관리하는 데 힘을 쏟았어요.

쿠리치바 대중교통의 중심에는 버스와 버스 정류장이 있어요.
누구나 버스 정류장에 가서 버스를 타면, 도시의 어디든지 쉽게 갈 수 있어요.
도심에서 멀리 떨어진 동네에도 대중교통망이 잘 연결되어 있지요.

안타깝게도 요즘에는 쿠리치바도 인구가 늘어나면서
초록 공간을 유지하는 데 어려움을 겪고 있어요.

잘 연결된 도시의 모범, 메데인

콜롬비아의 메데인에서는 공중 케이블카를 대중교통으로 이용하고 있어요.
이 케이블카를 '메트로 케이블'이라고 불러요. 메트로 케이블은 가격이 싸서
누구나 탈 수 있고, 도시의 멋진 풍경을 볼 수 있다는 장점도 있지요.
메트로 케이블을 타고 가다 보면 아름다운 광장과 도서관이 우리를 맞이한답니다.

메트로 케이블 프로젝트는 메데인의 사회 운동가, 정치인, 학교,
그리고 기업이 함께 의견을 나누면서 만들어 나갔어요.

메데인의 메트로 케이블은 교통수단 이상의 의미가 있어요.
고산 지역의 낙후된 동네와 도시 중심을 연결해 주는 역할을 하고 있지요.
높은 곳에 사는 사람들도 도시에서 교육을 받거나 직장을 구하거나
새로운 기회를 만들기가 훨씬 쉬워졌어요. 낙후된 동네가 발전할 수 있게 하고,
메데인 사람들이 서로 어우러져 살 수 있게 돕고 있지요.

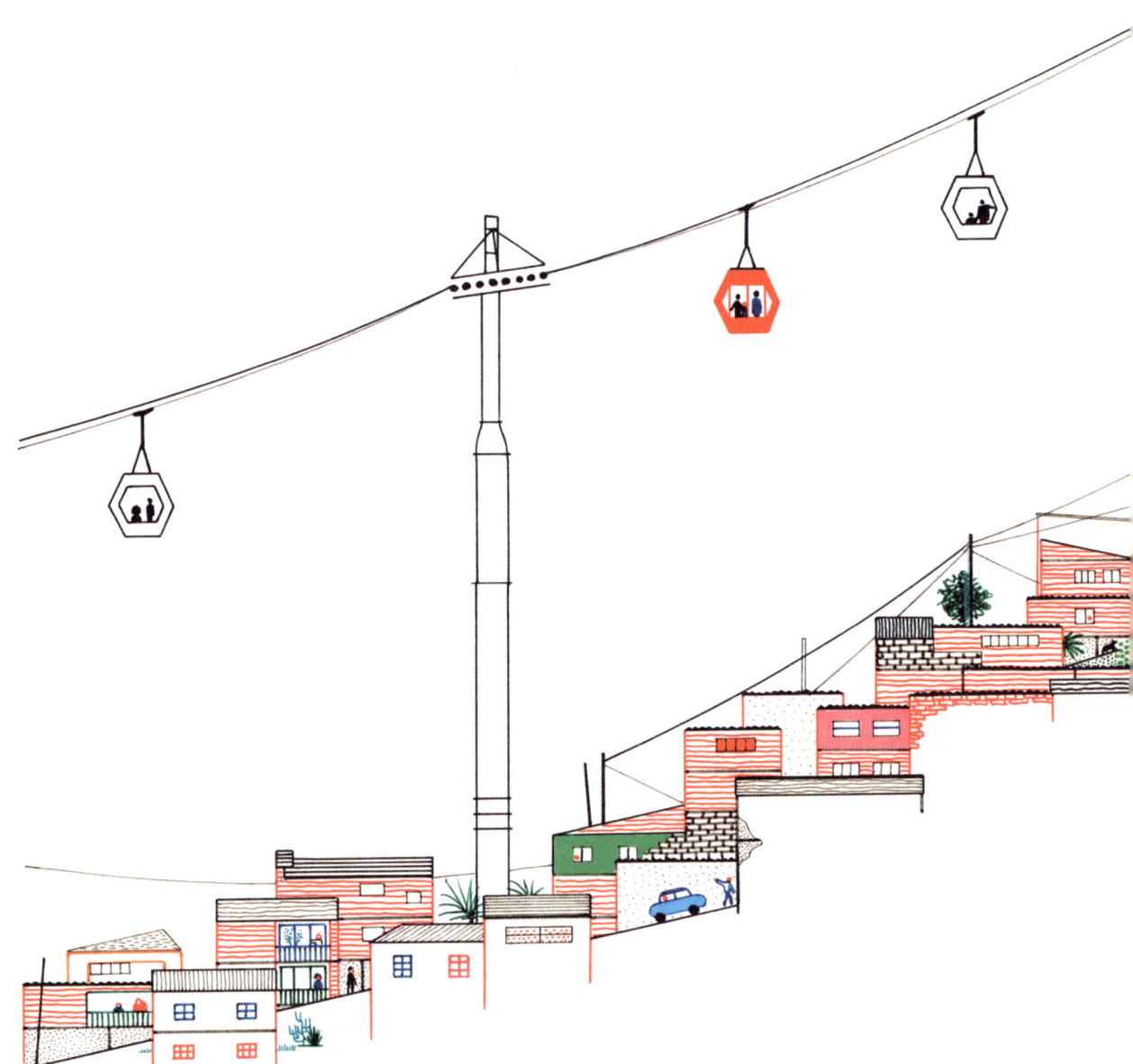

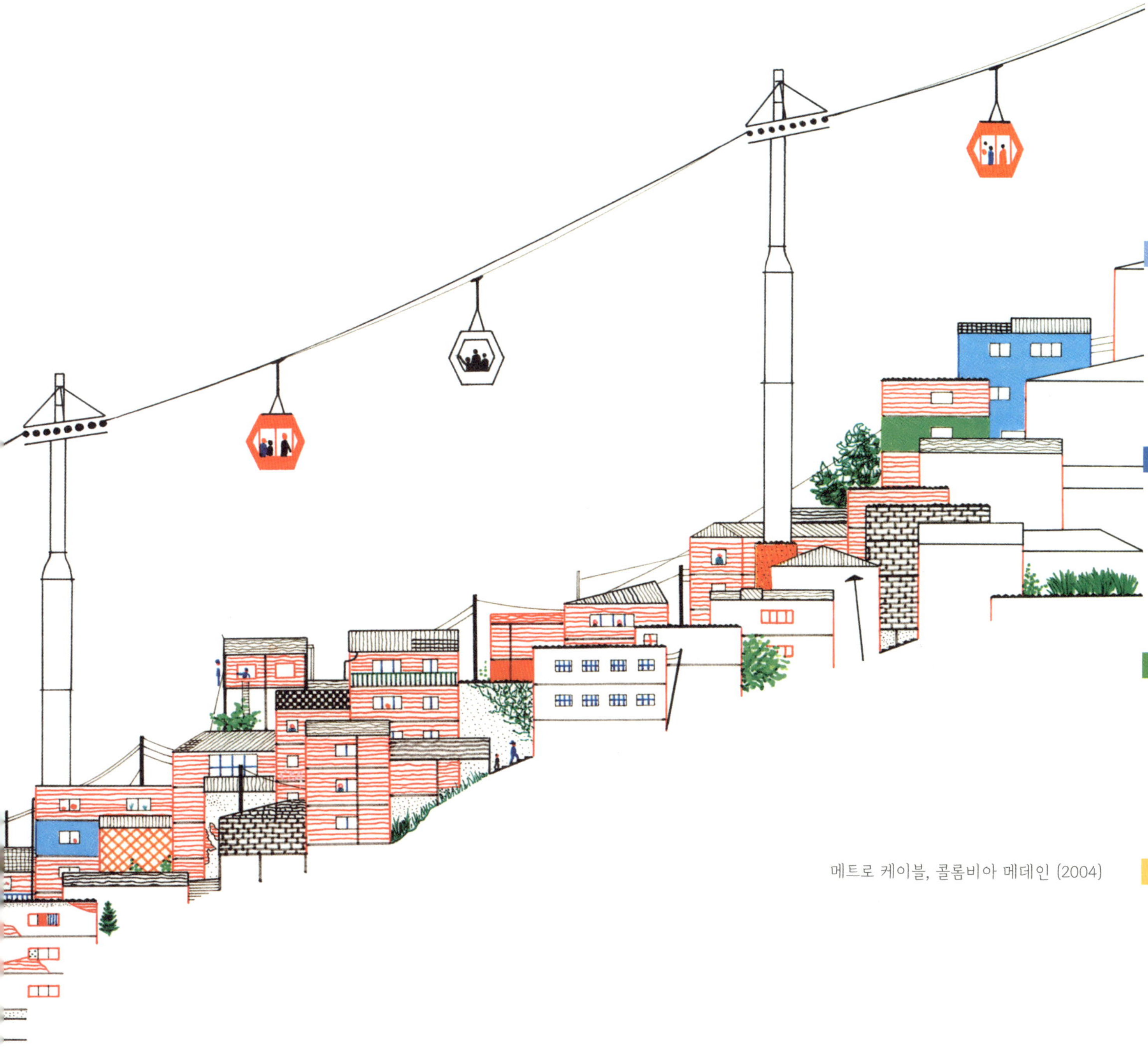

메트로 케이블, 콜롬비아 메데인 (2004)

메트로 케이블은
어디서 타나요?

45

도시를 누비는 다양한 교통수단

언덕이 많은 곳에도 도시가 있어요. 미국의 샌프란시스코처럼요.
샌프란시스코는 19세기부터 트램을 설치했어요. 지상에서 레일 위를 달리는 트램은
도시 안에서 이동하는 데 적합한 교통수단으로 현재까지도 남아 있어요.
지금은 샌프란시스코의 상징이 되었지요. 좀 더 편리하고 빠른 트램이 계속 개발되고 있어요.

다양한 스마트폰 앱이 개발되면서
차를 함께 타는 것이 쉬워졌어요.
목적지가 같으면 한 차에 여러 명이 타는 게
혼자 타고 이동하는 것보다 더 경제적이고,
사람들을 만날 수 있는 기회도 생기지요.

전기차는 소음이 나지 않아요.
점점 더 많은 차들이 전기차로
바뀌고 있어요.

하늘을 나는 자동차를 상상해 본 적이 있나요? 아직은 모형을 만드는 단계이지만,
가까운 미래에는 날아다니는 자동차를 쉽게 볼 수 있을 거예요.
그날이 오면, 꽉 막힌 도로에서 벗어나 날아서 갈 수 있겠지요?

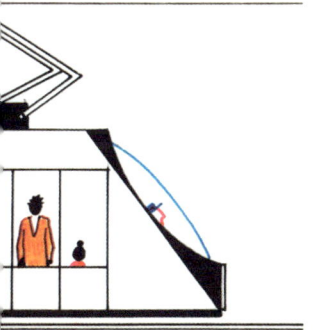

케이블 위로 이동하는 트램, 미국 샌프란시스코 (1873)

화물 자전거, 크리스토프 마셰 (2010)

재미있는 교통수단들도 굉장히 많아요.
전기 외발자전거나 롤러스케이트, 킥보드도
좋은 교통수단이에요.

짐을 운반하기 위해서
화물 자전거를 이용하기도 해요.

하지만 걷는 것이 돌아다니기엔 가장 간편한 방법이지요.

자전거를 탈 때에는 어떤 옷을 입든, 어떤 장신구를 하든 상관없어요.

자전거의 도시, 코펜하겐

덴마크의 수도인 코펜하겐은 한때 자동차들이 가득했지만, 지금은 자전거가 우선이 되고 있어요. 절반 이상의 사람들이 자전거를 타고 이동하고 있지요. 자전거는 모든 사람이 사랑하는 교통수단이자 유행이 되고 있어요.

코펜하겐에는 붉은색 자전거 전용 고가 도로가 건물과 건물 사이에 뱀처럼 곡선 모양으로 나 있어요. 자전거가 물 위를 달릴 수 있도록 나 있어서 교통이 혼잡해지는 것을 막을 수 있어요.

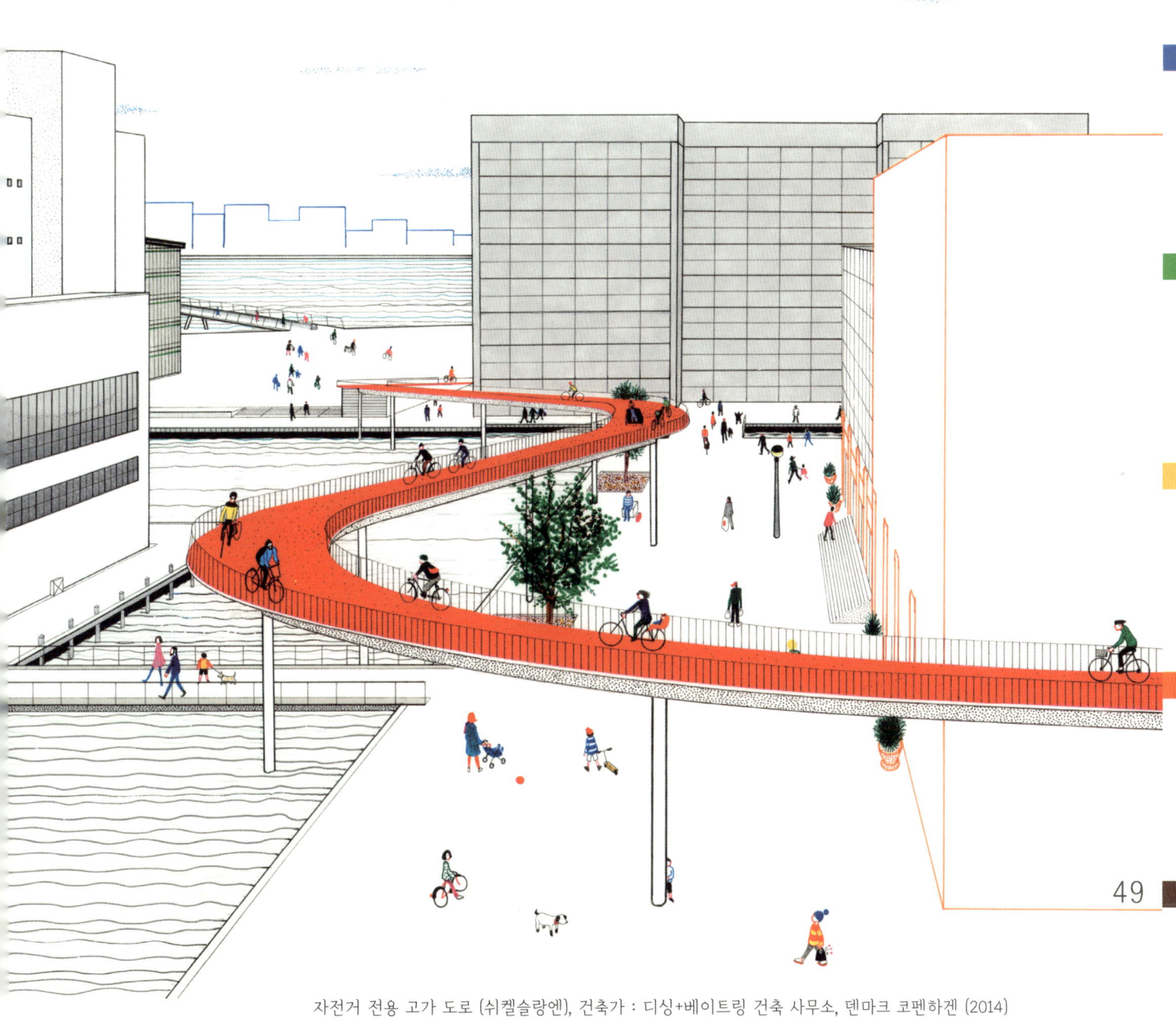

자전거 전용 고가 도로 (쉬켈슬랑엔), 건축가 : 디싱+베이트링 건축 사무소, 덴마크 코펜하겐 (2014)

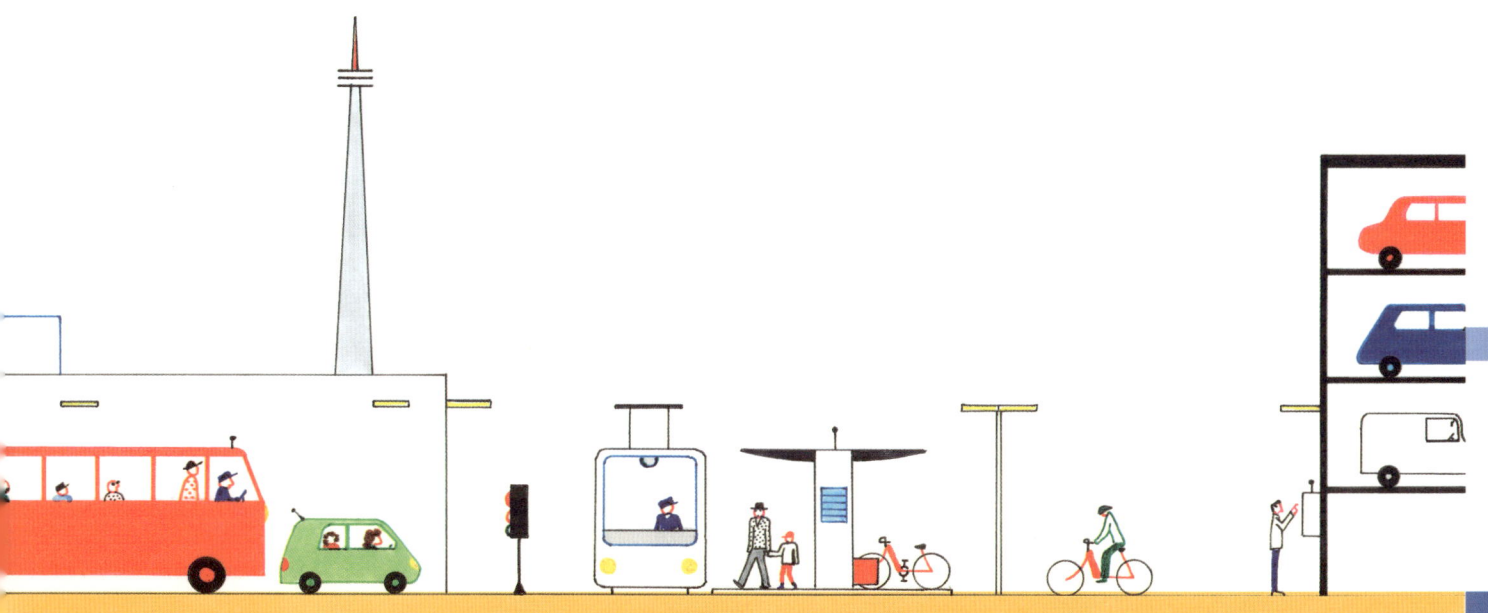

도시가 똑똑해질 수 있나요?

도시는 마치 거대한 기계 같아요.
에너지를 공급해 주고, 학교와 병원을 운영하고,
쓰레기를 처리하고, 대중교통 시스템을 관리하고,
필요한 정보를 주고받아야 하니까요.
도시는, 모두에게 그리고 모든 것에 대해
항상 신경을 써야 해요.

요즘은 도시의 도로나 하수도 같은 네트워크에 감지기(센서)를 설치해요.
여기에서 수집한 각각의 정보들을 디지털화하여 서로서로 연결하지요.
이렇게 연결된 정보들은 하나의 화면에 정리되어,
사람들이 쉽게 활용할 수 있어요.

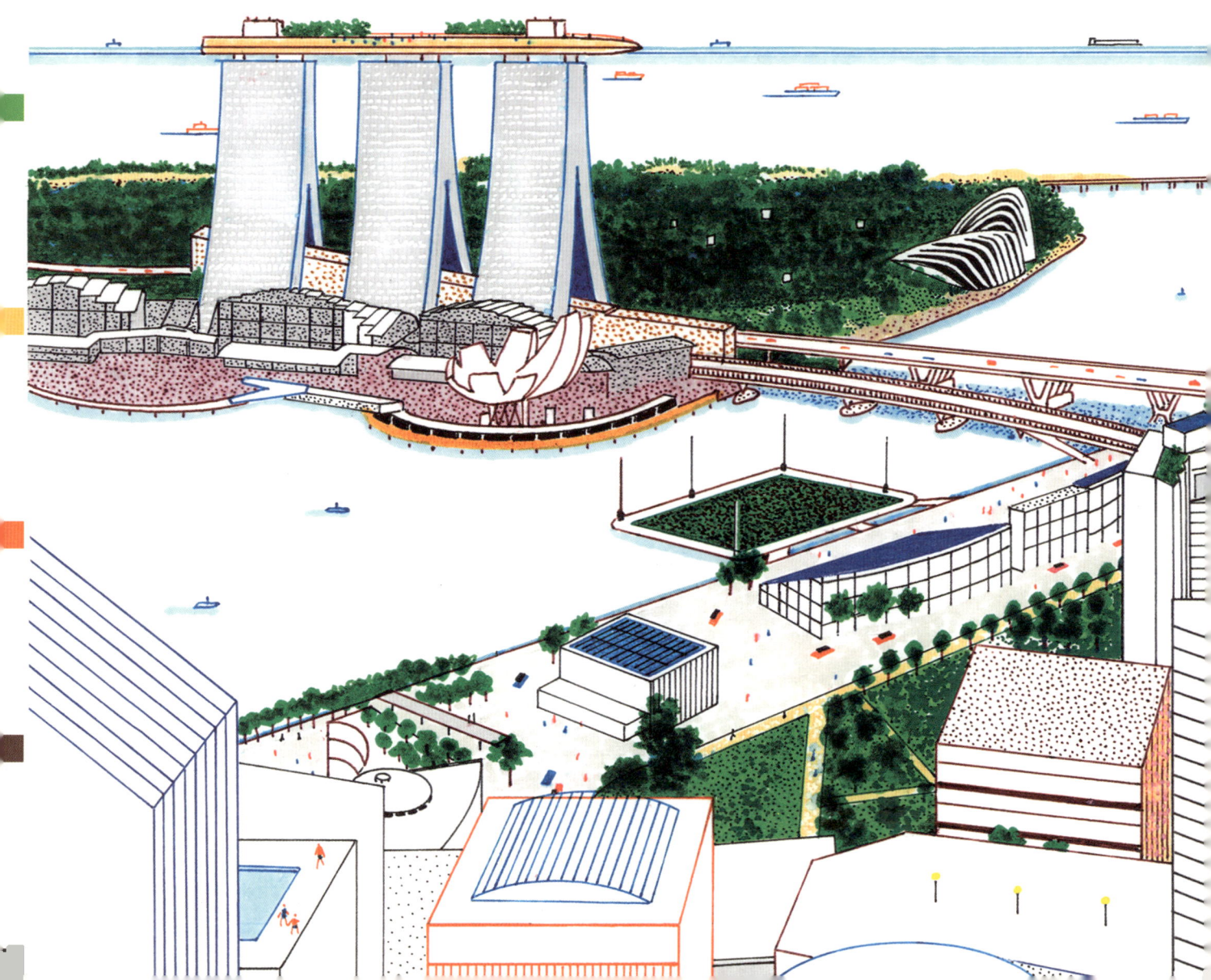

잘 연결된 스마트 시티, 싱가포르

싱가포르는 스마트한 도시예요. 싱가포르 정부는 2014년부터 '스마트네이션'이라는 프로그램을 추진하고 있어요. 이 프로그램은 도시 전체에 카메라와 감지기를 설치해서 다양한 정보를 모으고 기록해요. 모든 행정 업무를 디지털화하고, 도시 안에서 최대한 효율적으로 움직일 수 있도록 해서 필요 없는 에너지 소비를 줄이고 있어요.

싱가포르의 시민 대부분이 스마트폰을 가지고 있어서 이 프로그램에 참여할 수 있었어요. 예를 들어 스마트폰으로 교통량을 확인한 다음 교통이 혼잡한 시간을 피하면, 대중교통을 무료로 이용하거나 교통량에 따라서 요금이 할인되기도 해요.

스마트 시티는 장점이 많지만 시민들의 사생활을 침범할 수 있다는 위험도 안고 있어요. 머지않아 시민들이 돌아다니는 모습을 3D 입체 화면으로 볼 수 있게 될지도 몰라요.

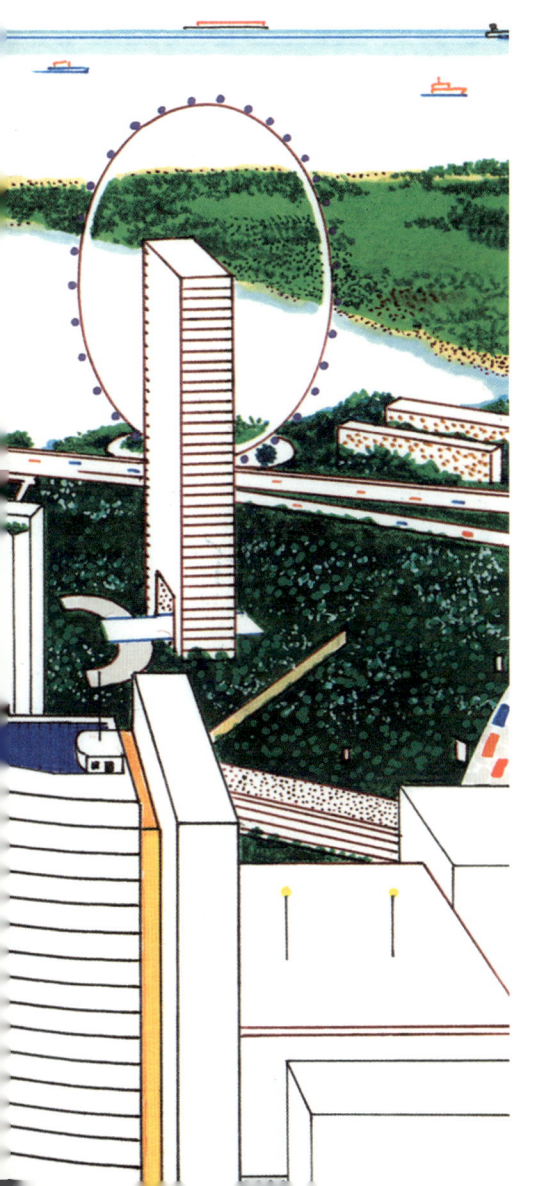

가든스 바이 더 베이

스마트 시티는 자기 나라의 자원과 자연환경에 큰 관심을 쏟고 있어요.
싱가포르도 마찬가지예요. 이곳의 '가든스 바이 더 베이'는 생태계의 다양성을
탁월하게 유지하고 있는 공원으로 유명해요.

거대한 온실이 줄지어 있는데, '플라워 돔'에는 건조한 환경에서 사는 식물들이,
'클라우드 포레스트'에는 습도가 높은 지역을 좋아하는 식물들이 자라고 있어요.
멸종 위기에 놓인 식물 250,000여 종도 보존되어 있지요.
우거진 숲과 함께 35미터나 되는 폭포도 볼 수 있습니다.

공원 안에는 '슈퍼 트리'가 있어요. 금속으로 만들어진 나무 형태의 구조물로
높이가 25~50미터나 되지요. 슈퍼 트리를 감싸며 자라고 있는 식물들은
다양한 새들과 곤충들의 서식지가 되어 줍니다.
슈퍼 트리는 빗물을 모으고 태양광 에너지를 만들어 저장하는 일도 하지요.

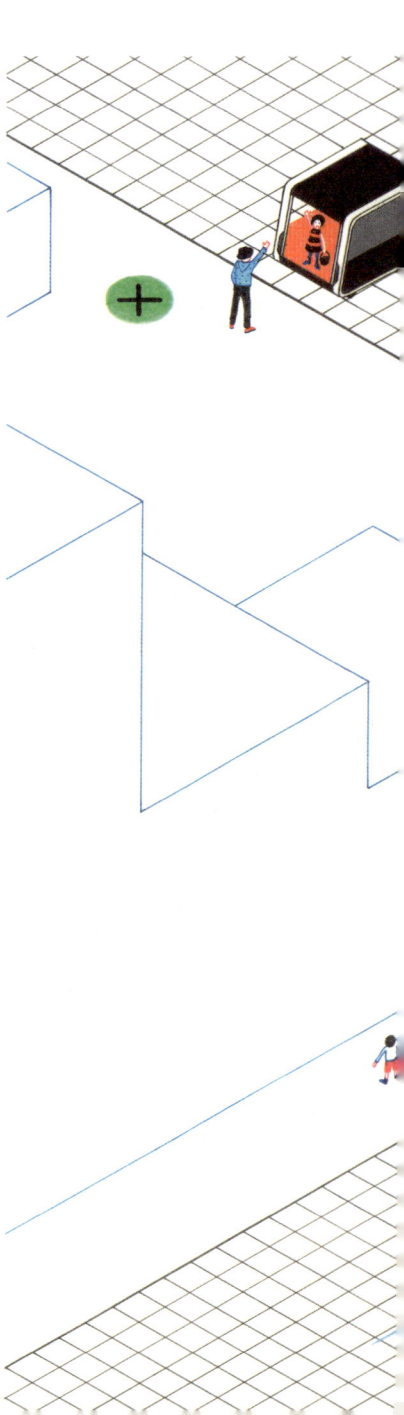

혁신적인 모듈카, 미래의 교통수단

물리학자이자 디자이너인 토마소 게첼린은 모듈형 자율 주행차를 상상했어요.
이 차는 아직 계획 단계예요. 각각의 박스형 모듈카들은 운전자가 없어도
원하는 곳은 어디든 제시간에 갈 수 있는 자율 주행차예요.
이 차의 특징은 필요할 때는 모듈카 하나가 다른 모듈카들과 붙었다 떨어졌다
할 수 있다는 거예요. 교통 체증이 심한 시간에는 기차처럼 길게 연결되지요.

자율 주행차 덕분에 사람들은 편히 쉬면서 이동할 수 있게 될 거예요.

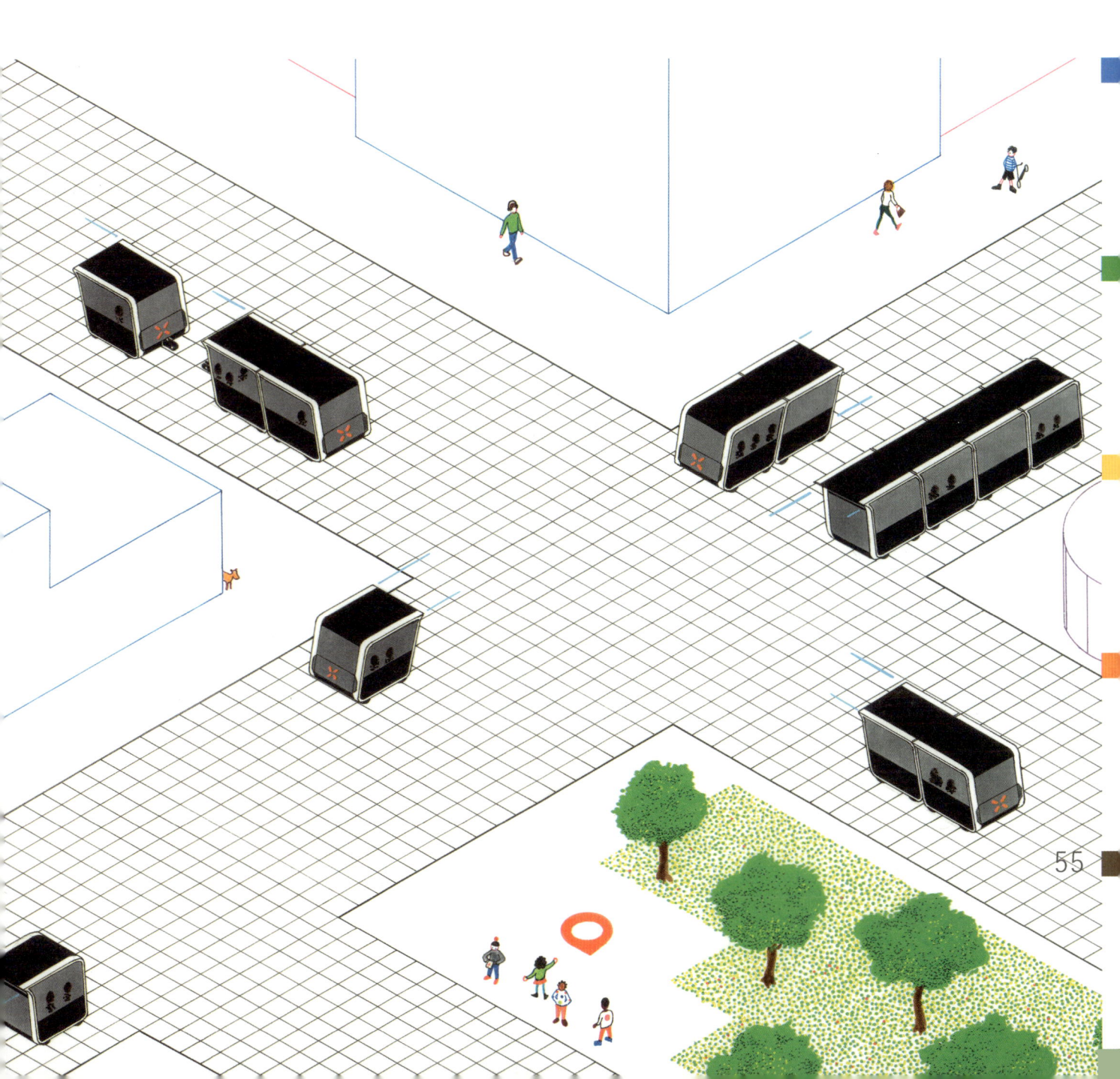

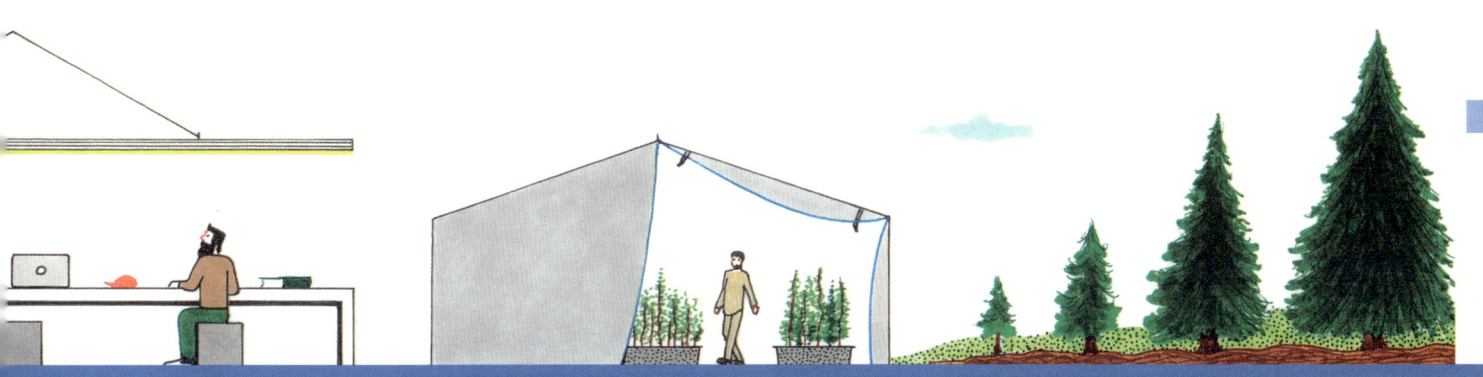

도시에서는 어떻게 일을 하나요?

공장들 때문에 도시가 점점 황폐해져 가고,
상가들은 계속 문을 닫고 있어요.
도시에는 지금 무엇이 필요한가요?
모두에게 일자리를 보장할 수 있나요?
새로운 직업을 만들어야 하나요?
다 같이 새로운 방식으로 일하면 어떨까요?

사는 곳에서 일하는 생산 협동조합, 파밀리스테르

파밀리스테르, 프랑스 기스 (20세기 초)

19세기 초반 산업 혁명이 일어났던 시기에는, 어떻게 하면 노동자들이
공장과 가까운 곳에서 지낼 수 있을까 고민했어요. 그 해결책으로 공장 근처에
그들의 생활 방식에 맞는 건물을 짓기 시작했지요.

주철 난로를 제작하던 사업가 장바티스트 앙드레 고댕은 1846년에 프랑스 북부에 있는
기스라는 도시에 정착했어요. 고댕은 이곳에 그 자신과 노동자들을 위해서
생산 협동조합 형태의 도시, 파밀리스테르를 만들었어요.

이곳에는 집, 병원, 학교, 영화관, 상가, 수영장, 공원이 모두 공장 근처에 있었어요.
노동자들은 직접 조합을 만들었고, 공장의 소유권을 함께 가지고 있었지요.
바로 이곳에서 민주주의가 싹텄어요. 그 당시에 대략 2,000여 명이 살 수 있었는데,
큰 축제를 열고 적극적으로 사회 활동을 권장했다고 해요.

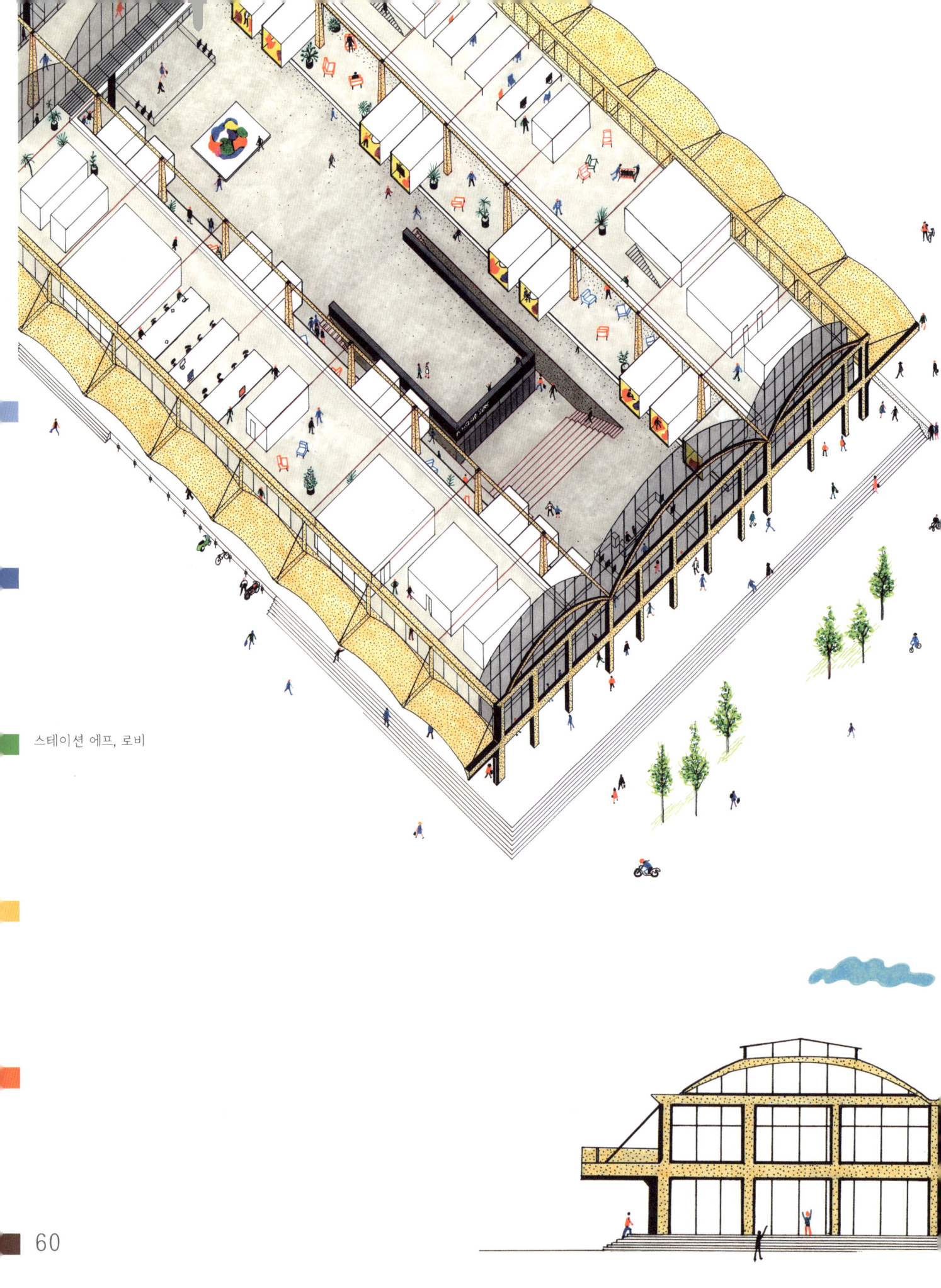

스테이션 에프, 로비

세계 최대의 스타트업 캠퍼스, 스테이션 에프

1929년 파리 오스테를리츠 역 근처에 거대한 콘크리트 건물이 지어졌어요.
오랫동안 화물을 운송하는 기차역이었던 이 건물은 철거될 계획이었으나,
건축가 장미셸 빌모트에 의해 새로운 옷을 입게 되었어요.
지금 이곳은 세계에서 가장 큰 스타트업 캠퍼스입니다.

콘크리트 구조물이 튼튼하게 자리 잡고 있어서 외부 골격은 그대로 두었어요.
건물 내부는 서로 정보를 나누고 함께 효과적으로 일할 수 있는 열린 공간으로
완전히 탈바꿈했어요. 기업이 원하는 대로 공간을 사용할 수 있게 디자인되어 있고,
3,000개 이상의 작업 공간은 누구나 자유롭게 사용할 수 있어요.
혼자서도, 커다란 책상에 여러 명이 모여서도 일을 할 수 있고,
모든 사람이 개인 사물함을 이용할 수 있지요.

건축가가 '마을'을 떠올리며 디자인한 공간에는, 함께 쓰는 작은 부엌, 자동판매기,
탕비실, 소파 등이 있어서 누구나 편히 쉴 수 있고, 긴밀한 회의도 할 수 있지요.
넓은 로비에는 영화관처럼 큰 스크린이 설치되어 있어,
행사를 열거나 중요한 발표를 할 수 있어요.

프레시네 홀, 건축가 : 외젠 프레시네 (1929)
재복원 건축가 : 장미셸 빌모트 (2017)

마마요카 식당, 프랑스 파리 18구 (2016)

사회적으로 협력하는 협동조합, 마마요카 식당

마마요카는 직업이 없는 여성들이 자신의 재능을 발휘해서 일을 할 수 있게 돕는 협동조합이에요. 이 여성들은 자신의 나라에서 먹던 음식을 맛있게 만들어요. 알제리나 튀니지 음식인 쿠스쿠스, 캄보디아에서 많이 먹는 보붐, 발리에서 유명한 생선 요리 등을 준비하지요. 이 음식들은 협동조합의 작은 식당에서 맛볼 수 있어요. 자전거를 이용해 주변 기업이나 상가에 음식을 배달하기도 해요.

작은 규모의 경제이지만 모든 이들에게 혜택이 돌아갑니다.

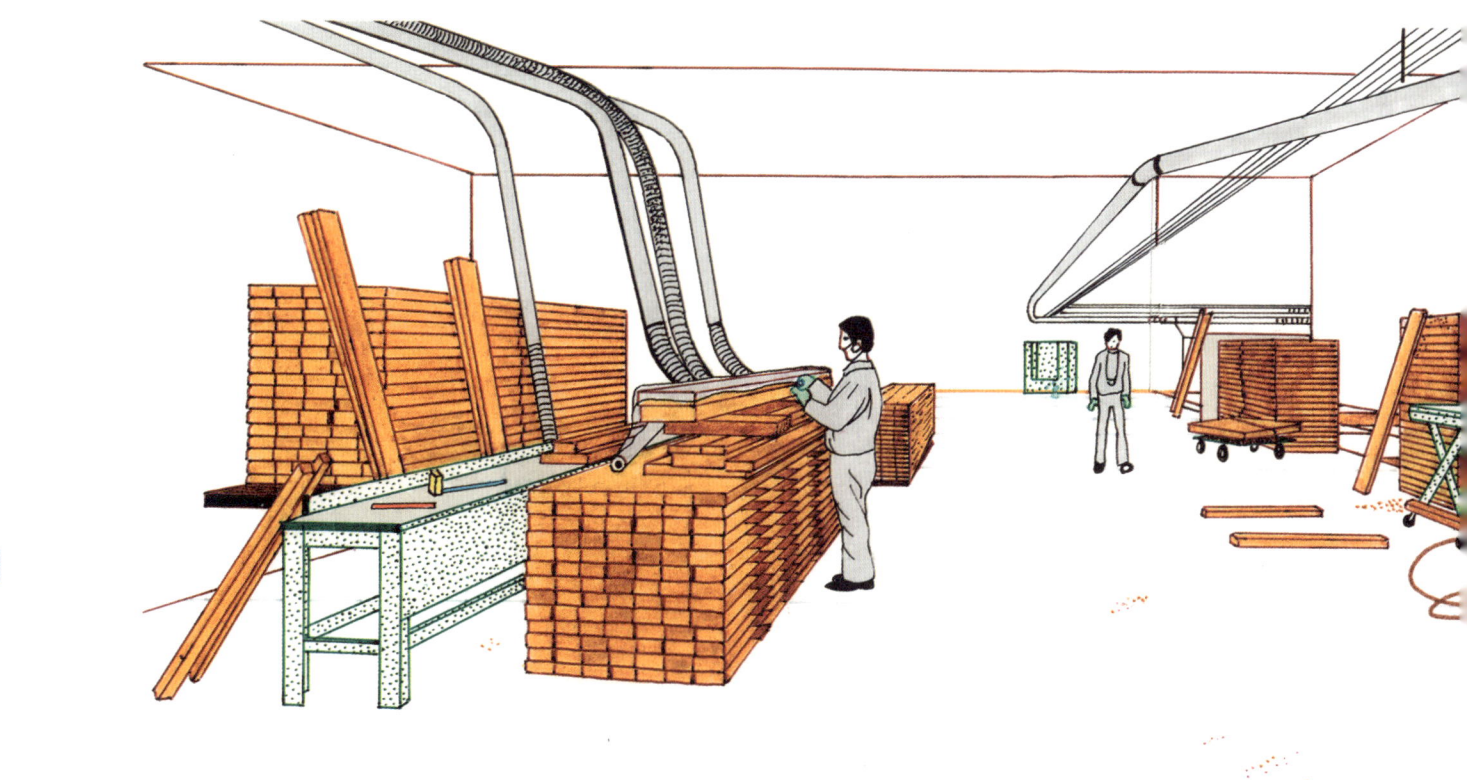

일본 시모카와 숲속 제재소 (가족 기업)

이치노하시 마을의 온실

숲속 동네, 시모카와

시모카와는 일본 홋카이도섬의 침엽수림 한가운데 있는 작은 도시예요.
노인들이 많이 사는 도시로, 노인 인구를 중심으로 나무와 관련된 일을 하고 있어요.
산림을 정비하면서 만들어지는 나무 찌꺼기나 목재 폐기물, 상품으로 만들기 어려운
나무 뿌리나 가지를 잘라서 우드칩을 만들어 난방용 연료로 사용하고 있지요.

시모카와의 이치노하시 마을은 에너지를 스스로 만들어 내려고 노력하고 있어요.
마을 중심에 나무 찌꺼기를 태우는 시설이 있어서, 다 같이 따뜻하게 지낼 수 있어요.
우드칩으로 만든 에너지는 일 년 내내 온실을 난방하는 데도 쓰여요.

일본 시모카와의 이치노하시 마을 (2011)

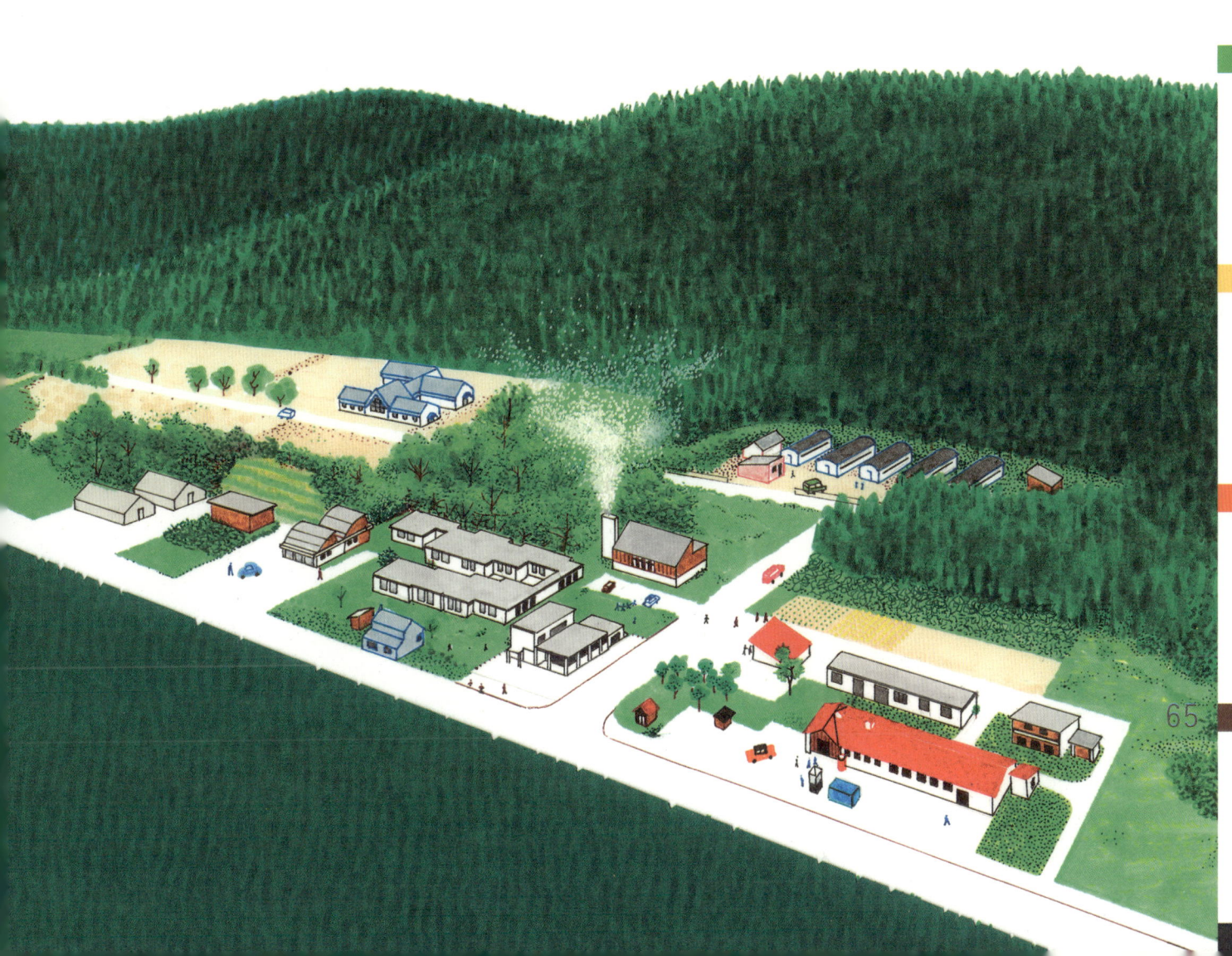

우리들만의 도시를 만들 수 있나요?

현대 도시들은 도로와 건물들이 단조로워서
때때로 생기가 없어 보일 때가 있어요.
누군가 어떤 도시에서 살고 싶냐고 물으면,
뭐라고 대답할 건가요?

빈민가를 색으로 물들인
리우데자네이루의 모히뉴 프로젝트

브라질 대도시의 접근하기 쉽지 않은 높은 지대에
사람들이 허가받지 않은 채 집을 짓고 살고 있어요.
이런 곳을 도시 빈민가라고 불러요.
꼬불꼬불 나 있는 길들 사이로 여러 종류의 집들이
옹기종기 모여 있지요. 이곳의 삶은 녹록하지 않아요.

영상 작업 당시 모히뉴 프로젝트 전체 풍경,
파벨라 시바 페레이라, 브라질 리우데자네이루 (1997)

모히뉴 프로젝트(모린호 프로젝트)는 '작은 언덕 프로젝트'란 뜻이에요.
빈민가에 사는 사람들은 대부분 경제적으로 어려움을 겪고 있고,
편견이 담긴 시선 때문에 고통 받기도 해요. 그런데 아이들의 놀이가
이 빈민가 마을에 커다란 변화를 가져왔어요.

아이들과 젊은이들은 동네에서 나온 벽돌과 재활용 재료로 마을 모형을 만들고,
그 안에서 사람, 자동차, 경찰차, 헬리콥터 장난감 등을 가지고 역할 놀이를 했어요.
도시 모형 안에서 빈민가의 삶을 재현한 거예요. 시간이 지나자 마을 모형은
점점 더 커졌고, 아름다움과 독창성을 인정받아 세상 사람들의 주목을 받기 시작했어요.

국제적인 전시회도 나가고, 영상으로 담기기도 했어요. 영상에는 모히뉴 프로젝트로 인해
동네에 찾아오는 변화와 즐거움이 가득했지요. 그리고 이 영상을 틀기 위해 동네에는
방송국도 만들어졌어요. 모히뉴 프로젝트는 아이들 놀이에서 시작해서 지금은 예술 작품이자
지역을 위한 단체로 성장하고 있어요. 정말 멋지지 않나요?

다 같이 이야기를 나누는 도시, 라잉스버그

건축가 카린 스머츠는 남아프리카공화국의 낙후된 지역에 사는 주민들의 이야기를 직접 듣고, 그들 스스로 마을을 재정비할 수 있도록 돕고 있어요. 여러 차례의 미팅과 창의적인 워크숍을 통해 그 도시에 필요한 학교, 체육관, 보건소 등을 만들어 나갔어요.

케이프타운 북쪽에 있는 작은 마을 라잉스버그에서는,
한 시인이 주민들의 이야기를 기록했어요.
사람들은 오래전에 이곳을 휩쓸었던 홍수를 떠올리며
긴 빨간색 건물을 짓자는 의견을 냈어요.
홍수가 마치 '화가 난 붉은 소' 같았다면서요.

건물을 짓기 전에 여러 개의 모형을
만들어 봐야 해요. 아래 그림은
금속 공예가 윌리 베스터와 견습생들이
함께 만든 모형이에요.

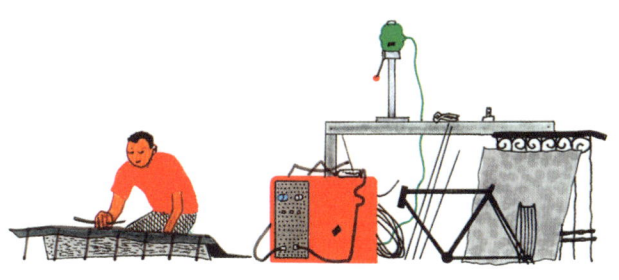

데이비드 클라스트 다목적 센터는 2005년에 완성되었어요.
다양한 공공 서비스와 여러 모임을 조직하기 위해서 만들어진 공간이에요.
커다란 풍력 터빈이 서 있고, 오래된 기차가 식당으로 탈바꿈했어요.

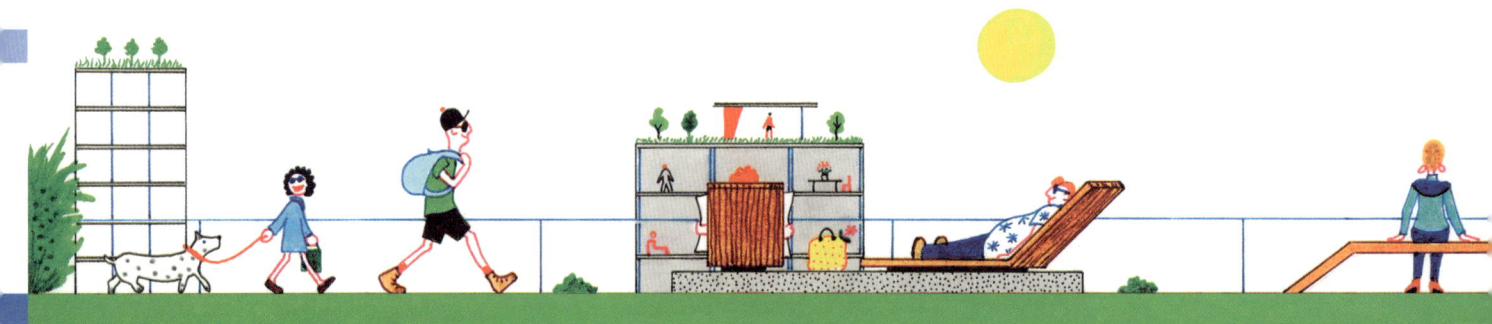

도시가 아름답고 상냥할 수 있나요?

도시는 복잡한 건물과 도로로 이루어질 수밖에
없는 걸까요? 우리가 절대 잊지 못할 만큼
아름다운 곳으로 재생시킬 수는 없나요?

영감을 주는 아름다운 전망, 파리 오스만가

나폴레옹 3세는 권력을 잡자마자 오스만 남작을 파리 도지사로 임명했어요(1853). 그러고선 파리를 아름답고 깨끗하게 정비하라는 중요한 임무를 주었지요.

말쉐르브 거리, 프랑스 파리 (1863)

오스만 남작은 우선 그 당시 파리의 비위생적인 구역을 부수고
좁은 길을 넓혀서 도시의 주요 건축물들이 드러날 수 있도록 했어요.
가로수를 심고 공원과 산책길도 만들어 경치를 보기 좋게 만들었지요.

파리를 정비하는 데 지켜야 하는 규칙은 엄격했어요.
오스만 스타일 건물은 돌로 지어져야 했고, 크기가 비슷한 발코니가
길게 이어져 있는 등 건축의 특징이 비슷해야 했지요.
이런 강력한 규칙 덕분에 파리는 조화롭고 환기가 잘 되는 도시가 되었어요.
미국의 워싱턴, 아르헨티나의 부에노스아이레스와 같은 대도시들은
파리를 보고 영감을 많이 받았다고 해요.

시대를 반영하는 건축물, 퐁피두 센터

엄격한 규제가 있었던 오스만 시대가 지나간 다음, 중세 시대와 19세기의 역사가
가득 남겨진 곳에 첨단 기술의 상징인 퐁피두 센터가 지어졌어요.
퐁피두 센터는 원색과 투명한 플라스틱 재료들, 금속 조각들이 장난감처럼 조립되어 있어요.
젊은 건축가 렌초 피아노와 리처드 로저스가 새로운 아름다움을 만들어 낸 거예요.
센터 앞에는 광장이 있어서 사람들이 모여 이야기를 나눌 수 있고,
내부에는 현대 미술 작품으로 가득한 미술관과 학생들을 위한 도서관이 있어요.
이 대담한 건축물은 사람들에게 문화를 전달하려는 의지가 담긴 파리의 상징이에요.

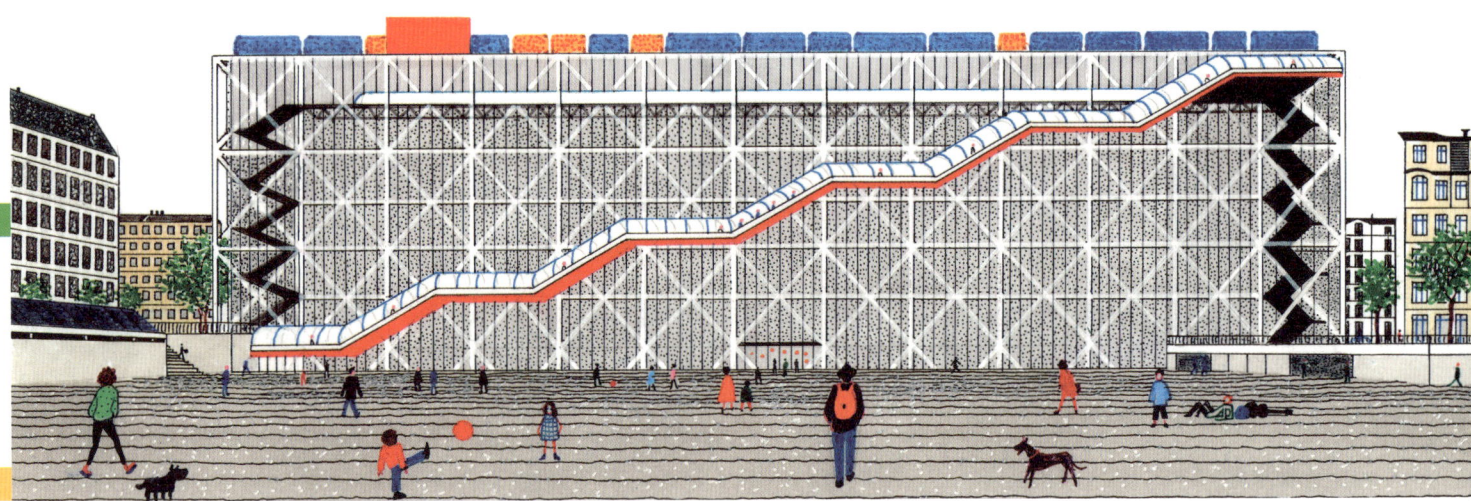

퐁피두 센터, 건축가 : 렌초 피아노, 리처드 로저스, 프랑스 파리 (1977)

구겐하임 미술관, 건축가 : 프랭크 게리, 스페인 빌바오 (1997)

도시 전체를 바꾼 빌바오의 구겐하임 미술관

빌바오는 스페인 바스크 지방의 공업 도시였어요. 예전에는 부유하고 유명한 도시였지만, 점차 그 명성은 사라져 갔어요. 정부는 도시를 되살리기 위해 건축가 프랭크 게리에게 미술관을 지어 달라고 요청했어요. 그 건물이 바로 구겐하임 미술관이에요.
이 미술관의 아름다움 덕분에 도시의 이미지가 바뀌었고, 관광객들이 줄을 지어 이곳을 찾고 있어요. 빌바오는 이제 공업 도시가 아닌 문화 도시가 되었지요.

물이 거울로 변하는 보르도 증권 거래소 광장

조경 디자이너 미셸 코라주는 보르도의 가론 강변을 환상적인 산책길로 바꾸어 놓았어요.
창고와 크레인들은 사라지고, 증권 거래소 광장의 주차장은 거대한 '물의 거울'이 되었지요.
물의 거울은 18세기 건물의 정면을 멋지게 비추고 있어요.

물의 거울, 조경 디자이너 : 미셸 코라주, 프랑스 보르도 (2006)

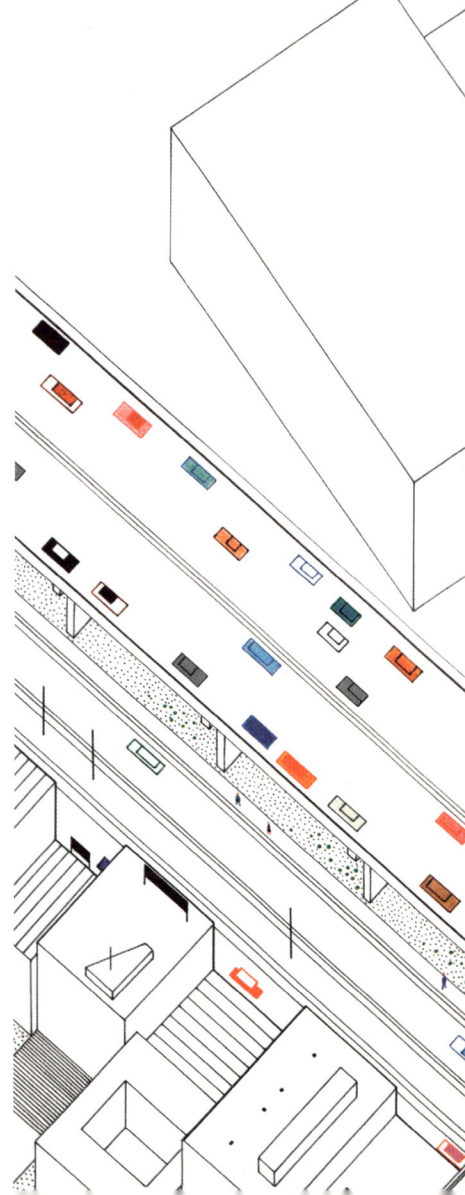

트라이앵클 타워, 건축가 : 자크 헤어초크, 피에르 드 뫼롱, 프랑스 파리 (진행 중)

파리에서 부르는 신호, 트라이앵글 타워

스위스의 건축가 자크 헤어초크와 피에르 드 뫼롱은 파리에 있는 오스만 스타일의 건축물을 보고 늘 감탄하면서 파리에 새로운 기념물을 짓는 것을 꿈꿔 왔어요.

트라이앵글 타워는 42층 주상 복합 건물로 완성되려면 아직 시간이 필요해요. 내벽은 흰색이고 외부에 유리를 씌운 피라미드 형태의 건물로, 완공되고 나면 높이가 180미터나 될 것 같아요.

파리로 들어오는 고속도로와 순환 도로를 따라 죽 늘어선 화물 창고들 사이에서 파리에 도착했다는 것을 알려 주는 대표적인 건물이 될 거예요. 하지만 거대한 건물이 주변 지역을 둘로 나누어서 도시의 경관을 해칠 거라고 걱정하는 사람들도 많아요.

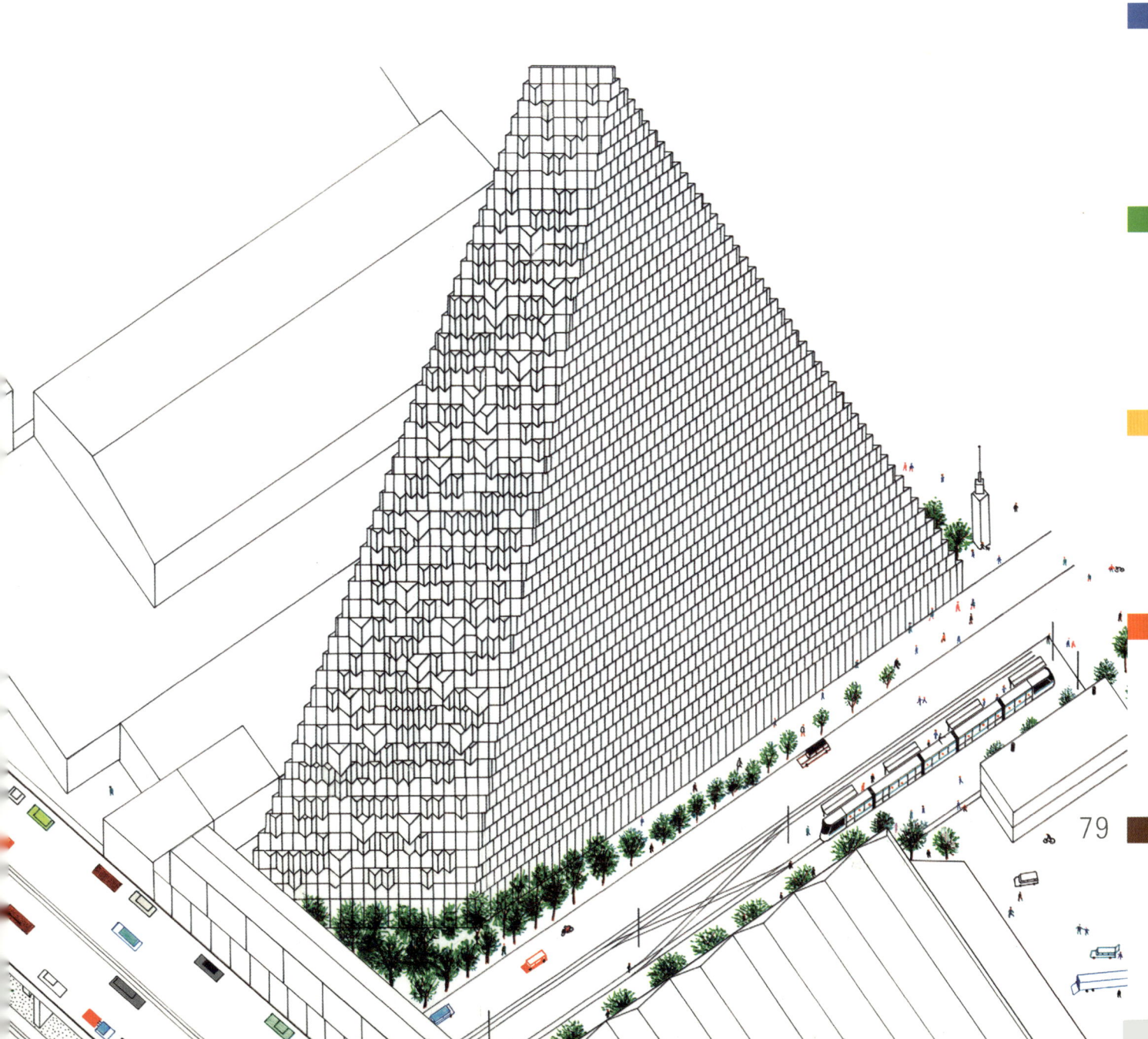

이주민들을 반겨 주는 이브리쉬르센의 쉼터

건축가 발랑틴 기샤르다즈는 파리 외곽에 있는 도시 이브리쉬르센에
이주민을 환영하는 쉼터를 디자인했어요. 엠마우스 공동체를 돕기 위해서였지요.
이 쉼터는 더 이상 사용하지 않는 저수탱크 위에 지어졌어요. 아름다운 광장을 둘러싸고
만들어진 동네에는 혼자 사는 여성이나 가족을 위한 숙소, 학교, 병원 같은 시설이 있어요.
유르트(몽골식 텐트) 모양의 식당도 있고, 함께 쓰는 채소밭도 만들 계획이라고 해요.

이곳에서의 생활이 길진 않더라도 이주민들의 힘든 여정에 희망이 되어 주고 있어요.

도시에 사는 건 정말 행복해요!

도시는 어울려 사는 사람들과 즐거운 순간들을
함께 나누는 삶의 공간이 아닐까요?

아이들을 위한 공간, 암스테르담의 놀이터

건축가 알도 판 에이크는 제일 차 세계 대전 중에 건물이 허물어진 곳에
아이들을 위한 놀이터를 여러 개 만들었어요. 놀이터 바닥은 다양한 재료로 덮어씌우고,
간단한 형태의 기구들과 커다란 모래사장을 조화롭게 설치해서,
아이들이 몸을 이용해서 놀 수 있는 공간을 만들었어요.

초록 산책길, 뉴욕 맨해튼의 하이라인

2009년 이후 뉴욕 시민들이 가장 좋아하는 산책로는 맨해튼 남서쪽에 있는 하이라인이에요.
뉴욕 시민 단체들은 철거하기로 했던 낡은 고가 철로의 지킴이가 되었고, 지금 철로 위에는
사람들이 많이 찾는 직선 모양의 공중 공원이 만들어졌어요. 시민들을 위한 공용 정원도 있어요.
이런 높이의 산책로를 걷다 보면, 멋진 길거리 공연이나 허드슨강의 풍경을 내려다 볼 수 있지요.

제이데익 어린이 놀이터, 건축가 : 알도 판 에이크
벽화 : 요스트 판 로옌, 네덜란드 암스테르담 (1958)

생동감 넘치는 유행의 중심지, 리스본의 엘엑스 팩토리

타구스 강변의 낡고 오래된 방직 공장에 식당, 요리 학교, 예술가 공방, 상가가 빠른 속도로 들어섰어요.
지금은 포르투칼 리스본 유행의 중심지가 되었지요. 이곳에는 그래피티 예술가 데론의 작품이
벽에 그려진 아름다운 브라질 건축물과 유럽에서 가장 큰 서점이 있답니다.
다양한 축제와 콘서트가 열리고, 사람들은 밤새 파티를 즐기기도 하지요.

엘엑스 팩토리, 포르투칼 리스본 (2008)